Marie-Hélène RAVIDAT

C'est PAS NEUF et c'est MIEUX

Le petit livre de la récup' et de l'occasion

MA

SOMMAIRE

INTRODUCTION

Prix qui s'envolent, planète en danger, apparition de maladies inexpliquées, les scénarios catastrophe que l'on nous présente dans les médias interpellent chacun de nous et peuvent nous effrayer. Consommer, cet acte quotidien que nous faisions sans réfléchir, serait-il devenu la cause de tous ces maux ?

Il est certain que si nous devons adopter un style de vie plus sobre, nous avons encore des besoins, des obligations, mais aussi des envies. Pour quelles raisons changerions-nous notre façon d'acheter, alors qu'il nous semble que ce serait une goutte d'eau dans l'océan ?

Quelles que soient les raisons (économiques, écologiques, éthiques ou de santé), choisir d'acheter autrement est devenu un acte politique présenté comme aussi puissant que d'aller voter. C'est aussi un chemin d'affranchissement et de joie que de se débarrasser de contraintes quotidiennes inutiles.

Ce « pouvoir d'achat », réclamé à grand cri, est-il un réel pouvoir ou une entrave à notre liberté ? Acquérir plus de biens nous assurera-t-il un bonheur durable ? Avons-nous la possibilité de ne pas nous sentir frustrés quand notre budget est restreint ?

Vous trouverez dans ce livre des astuces, des conseils et des adresses pour réaliser de réelles économies, tout en choisissant d'acheter plus éthique, en prenant soin de vous, de votre famille et également de la planète.

Chapitre 1

DES PISTES POUR DÉMARRER

L'antienne de la récup' : ne pas acheter du neuf à tout prix ! Ne pas jeter à tout prix !

Avant de vous mettre en route et de transformer vos achats en une partie de plaisir, prenez le temps de regarder ce que vous possédez, ce qui vous rend heureux et ce qui éventuellement semble vous manquer.

Quiz : Quel acheteur êtes-vous ?

Que diriez-vous du dernier vêtement que vous avez acheté ?

❍ **A.** Il est original, vous ne le mettrez pas tous les jours, mais c'est de la seconde main.

❍ **B.** C'est un basique, intemporel, de qualité, vous le mettrez plusieurs années et vous n'en n'avez pas d'autres identiques dans vos placards.

❍ **C.** Il vous a fait de l'œil en passant devant une boutique, il est tendance, et vu son prix cela aurait été dommage de s'en priver.

Vous rentrez de vos courses. Dans votre panier, il y a plutôt…

❍ **A.** Des fruits et des légumes de saison locaux, des pâtes et du riz en vrac, une lessive bio.

❍ **B.** Des fruits et des légumes en barquette plastique, des lingettes jetables et des gâteaux individuels.

❍ **C.** Des fruits et légumes de saison mais qui viennent de loin, des yaourts bio et des céréales bio.

Votre machine à café ne marche plus !

❍ **A.** Vous cherchez un « repair café » proche de chez vous, vous n'allez pas la laisser tomber comme ça !

❍ **B.** Vous vérifiez si elle est encore sous garantie et si vous en avez bien fait l'entretien.

❍ **C.** Super, une bonne raison pour acheter le même modèle dernier cri que vient d'acquérir votre copine Marie !

Vous venez d'acheter un ordinateur :

❍ **A.** Vous l'avez trouvé d'occasion. Il remplit très bien son utilité et vous l'avez payé beaucoup moins cher !

❍ **B.** Vous avez pris le temps de sélectionner un modèle neuf, adapté à vos besoins, avec quelques fonctionnalités supplémentaires dont vous n'aviez pas vraiment l'utilité, mais le vendeur vous a convaincu que vous y prendriez goût.

❍ **C.** Vous avez profité d'une belle promo sur le dernier modèle de chez S… bien que le vôtre fonctionne encore. Vous êtes persuadé qu'il va être bientôt obsolète.

Vous venez d'emménager dans un appartement plus grand et vous n'avez pas grand-chose pour le meubler ?

❍ **A.** Vous n'achetez que le strict nécessaire en consultant les petites annonces d'occasion, le temps de vivre un peu dans votre nouvel appartement et de savoir le mettre à votre goût avec des objets uniques et recyclés.

❍ **B.** Vous avez acheté du matériel neuf de qualité, éco-conçu et vous mettrez une touche personnelle au fil du temps avec quelques objets trouvés en chinant.

❍ **C.** Vous commandez vos meubles neufs, très design, en ligne avec une carte 10 fois sans frais, même si les fins de mois seront un peu difficiles. Vous ne pouvez quand même pas vivre avec des vieilleries…

Vous avez coché une majorité de A :
Vous maîtrisez bien votre consommation. Si vous devez faire une dépense, vous la choisissez utile, fonctionnelle et elle doit convenir à certaines de vos valeurs qui vous semblent importantes. Vous recherchez les bons plans, aimez les partager et vous ne voulez pas vous sentir prisonnier du matériel.

Vous avez coché une majorité de B :
Vos achats doivent être durables et solides. Vous avez un peu de mal à utiliser des objets qui ont déjà eu une vie avant vous, mais vous essayez de trouver des solutions pour que votre consommation soit la plus raisonnable possible. Pour vous, économie rime avec prévoyance et sécurité.

Vous avez coché une majorité de C :
On peut presque vous qualifier d'acheteur compulsif, vous aimez la nouveauté et vivre dans l'air du temps. Vous aimeriez bien avoir un pouvoir d'achat plus important pour éviter de vous priver. D'ailleurs consommer est pour vous une façon de vous prouver que vous existez.

Si vous avez rempli ce questionnaire avec honnêteté, vous aurez pu cerner vos points forts et faibles dans la gestion de vos achats.

Si vous choisissez d'intégrer le cercle des « récupérateurs », il faudra commencer par vous poser plusieurs questions avant de céder à la tentation de l'achat, quel que soit son prix.

- De quoi ai-je profondément besoin ?
- Quel objet me procure de la joie ?
- Où est-il fabriqué ?
- Comment est-il fabriqué ?
- Son prix me semble-t-il justifié ?
- Par quoi pourrais-je le remplacer ?
- Est-ce que je peux le faire moi-même ?

Toutes ces questions ont leur importance, elles développeront votre curiosité et, en les partageant avec vos enfants, vous leur donnerez l'occasion de découvrir la valeur monétaire et la dimension humaine de ce qu'ils possèdent.

Quels seront les avantages de la tendance récup' ?

- En valorisant un objet et en lui donnant une seconde vie, vous limiterez l'utilisation d'énergie et de nouvelles matières premières.
- En réduisant le nombre d'objets en votre possession, vous réduirez la charge mentale consacrée à les entretenir.
- Vous développerez votre esprit créatif.
- Vous remarquerez que vous existez autrement que par le pouvoir de votre carte bleue.
- Vous entretiendrez votre capital santé en utilisant des produits plus sains.
- Vous élargirez votre cercle d'amis en partageant vos connaissances et vos biens.

En bref, que les fins de mois soient difficiles à terminer sans stress, ou que vous souhaitiez simplement faire des économies, la récup' enrichira votre vie et vous procurera satisfaction.

Une idée à tester

Une année sans rien acheter de neuf !
Pour ne pas vous sentir seul dans cette démarche et la rendre ludique, participez à ce défi en rejoignant un groupe local : *https://riendeneuf.org*
Ce défi collectif et participatif a été lancé en 2018 par Zero Waste France.
Attention, vous risquez d'y prendre goût !

Chapitre 2

UN AUTRE REGARD SUR VOTRE GARDE-ROBE

La mode est l'une des industries les plus polluantes au monde. Cette consommation a doublé en seulement 15 ans, la *fast fashion* ou « mode jetable » est une catastrophe aussi bien du point de vue écologique (la pollution de l'eau et les émissions de carbone) que du point de vue humain : un travail mal rémunéré, exploitant bien souvent la misère sociale des pays défavorisés, les femmes et les enfants étant les premiers à subir les inégalités et les injustices.

Porter un regard différent sur notre garde-robe nous incite non seulement à concrétiser notre responsabilité solidaire, en n'encourageant pas le profit au détriment de l'humain, mais également à dépenser moins et mieux.

Un inventaire pour vous y retrouver

Commencez par dresser l'inventaire de vos placards et de ceux de votre famille.

Entre surabondance et minimalisme absolu, il vous faudra régler le curseur sur la position qui vous correspond le mieux.

Garder les vêtements d'un aîné qui a grandi, pour celui qui vient après, peut être un bon début si vous avez assez de place et de bonnes conditions pour le stockage. Par contre, est-ce bien nécessaire de les garder tous ? Le petit pull que l'on aime tant mais qui gratte le plus grand des enfants grattera assurément aussi le prochain…

Les modes changent vite, ce qui vous plaît aujourd'hui sera vraisemblablement démodé 10 ans après et vos enfants ne se gêneront pas pour vous le reprocher plus tard ! Ne gardez que les intemporels et les valeurs sûres.

Le conseil malin

Videz entièrement tous vos placards vestimentaires, de la paire de chaussettes à la veste d'hiver afin de prendre conscience de la quantité de ce que vous possédez. Si cela vous effraie, faites-le par saison. Il est souvent très surprenant de voir le volume global de ce que nous avons dans nos armoires. Ensuite, vous prendrez le temps de considérer vos vêtements un par un et de les trier en fonction de leur usage et de leur état. Séparez-les en 4 piles ou sacs : à garder, à donner, à vendre, à recycler.

La garde-robe « capsule »

Il s'agit d'un concept assez simple qui consiste à créer sa garde-robe avec un nombre de pièces limitées et combinables entre elles.

En effet, vous remarquerez que nous portons essentiellement les mêmes vêtements, ceux qui nous correspondent et dans lesquels nous nous sentons bien. Alors pourquoi nos placards débordent-ils ?

Garde-robe minimaliste n'est pas synonyme d'austérité ! Elle doit nous ressembler et être confortable. Choisissez quelques basiques intemporels que vous marierez à loisir au fil des occasions.

LA BONNE ADRESSE

Vous retrouverez le b.a.-ba chez Atode ***(www.atode.fr)*** ou vous coudrez vous-même vos vêtements grâce aux conseils du journal *Saxe* ***(https://lejournaldesaxe.com/2021/06/18/coudre-une garde-robe-capsule/)***.

Qu'avez-vous à y gagner ? Du temps le matin, pour choisir votre tenue idéale, pour le rangement et l'entretien de votre linge, et des économies, en ne craquant pas pour le petit accessoire en plus qui vous aura fait de l'œil.

Mieux gérer votre linge pour acheter moins

Limitez les lessives !

Les détergents sont agressifs (et polluants) et le frottement de la machine est une source d'usure.

Évitez les lessives industrielles, les assouplissants et tous les parfums de synthèse qui les accompagnent. Une lessive naturelle vous permettra d'apprécier pleinement votre parfum et de le choisir. Ce sera peut-être déroutant au départ, mais vous apprécierez vraisemblablement au bout de quelques semaines.

Le conseil malin

Vous désirez que votre linge reste souple ? Mettez du vinaigre blanc dans votre bac de rinçage, il aura pour effet d'entretenir votre machine et remplacera aussi votre assouplissant. Pas d'inquiétude, son odeur s'élimine au séchage.

Lavez le linge blanc séparément des couleurs et, au-delà de 40°, mettez une cuillère de percarbonate qui est un agent blanchisseur. Si vous en avez la possibilité, faites-le sécher au soleil, il conservera sa blancheur.

N'utilisez un sèche-linge seulement si cela est impératif, il use et déforme les fibres tout en consommant beaucoup d'énergie.

Attendez que votre machine soit bien remplie pour la mettre en route, mais ne la chargez pas trop pour respecter sa capacité et ne pas l'endommager.

LE GESTE ÉCOLO

Privilégiez les températures basses à 30° et les programmes « éco », vous préserverez votre linge tout en consommant beaucoup moins d'énergie.

Le conseil malin

Limitez votre repassage en le réservant à ce qui est indispensable. Ce sera probablement une étape difficile à surmonter si vous aimez avoir des armoires tirées au cordeau, mais l'enjeu en vaut la chandelle ! En plus du gain de temps réalisé, vous y ajouterez une économie d'énergie. Prenez soin de bien secouez votre linge avant de l'étendre et pliez-le dès son ramassage.

Différencier le propre du sale

Garder son linge en bon état dans le but d'éviter de le renouveler trop régulièrement, c'est commencer par le laver moins souvent ! Prenez certaines habitudes pour différencier un vêtement qui peut être porté de nouveau de celui qui est réellement sale. Prévoyez des astuces et des repères afin de vous souvenir de ce qui a été porté une ou plusieurs fois. Par exemple : des cintres avec des rubans de couleur ou des rangements particuliers peuvent être des moyens mnémotechniques efficaces.

Si le temps où l'on différenciait les habits du dimanche, de ceux portés à l'école ou encore de ceux utilisés pour les loisirs est maintenant révolu, il est pourtant aisé d'apprendre aux enfants à ne pas systématiquement tout mettre au linge sale en se changeant. Dès leur plus jeune âge, ils sont capables de le vérifier, au départ avec votre assistance : ils prendront ainsi de bonnes habitudes. Vous y gagnerez en temps et leurs vêtements s'useront moins vite.

Bon à savoir

Le cuir ne se lave pas. Les vêtements imperméables perdent leurs traitements à force de lavage, préférez un lavage sans lessive.

Le conseil malin

Apposez une affichette ludique sur votre bac à linge, qui rappelle les consignes pour mettre ses vêtements au sale : culotte et chaussettes tous les jours, pantalon tous les 2 ou 3 jours, tee-shirt tous les 2 jours en fonction des activités, de vos besoins et de l'âge de vos enfants. Ou bien instituez des jours fixes pour le change.

N'omettez pas de porter un tablier quand vous cuisinez et choisissez des vêtements adaptés pour bricoler ou jardiner, vous éviterez des taches difficiles à enlever.

Insistez pour le port des pantoufles, non seulement elles protègent du froid mais les chaussettes s'useront moins vite.

Comprendre et respecter les étiquettes

Pour garder vos vêtements comme au premier jour, prenez le temps de bien examiner les étiquettes et les consignes d'entretien. Évitez les matériaux trop délicats.

LE GESTE ÉCOLO

Évitez d'avoir des vêtements qui se nettoient au pressing. Outre la pollution qu'engendrent les produits généralement utilisés par ces derniers, vous ferez des économies substantielles. Dans le cas où vous n'avez pas d'autre choix, faites appel de préférence à un pressing écologique.

Le DIY ou « *Do It Yourself* »

Un accroc ou le besoin d'un ourlet vous fait remiser certains vêtements au fond de vos placards ? Manier une aiguille vous semble du domaine de l'irréel ou vous pensez que sa pratique requiert un matériel de spécialiste ?

Pas du tout ! C'est le principe du *Do It yourself*, expression anglo-saxonne signifiant « Fais-le toi-même ». Il vous faudra simplement commencer par de petits projets. De nombreuses vidéos disponibles sur YouTube ou sur Pinterest, expliquent le b.a.-ba des points à maîtriser et vous encourageront à entreprendre le raccommodage et la petite couture.

Une idée à tester

Personnalisation très tendance des textiles, le *customing* vous permettra de réparer mais aussi de rendre votre vêtement unique avec des fils colorés, des patchs thermocollants, des boutons, des paillettes ou même de la peinture textile. Votre imagination peut s'en donner à cœur joie et, si vous manquez d'inspiration au début, poussez les portes de votre mercerie la plus proche. Vous y trouverez assurément le matériel ainsi que des conseils avisés. Des ateliers sont parfois organisés pour se faire la main à plusieurs et partager des projets.

Si vous souhaitez réaliser des projets plus complexes :

- Chez **Petit Citron** *(www.petitcitron.com)*, vous aurez accès à des explications techniques pour faciliter la maîtrise de votre machine.
- Avec plus de 3 000 patrons et tutoriels, **Pop Couture** *(www.popcouture.fr)* est une mine d'inspiration pour petites et grandes idées.

Le conseil malin

Vous n'avez pas de machine à coudre et, avant d'investir, vous voulez savoir si vous possédez des aptitudes ? Certaines merceries en placent à disposition pour découvrir cette activité, demandez autour de vous, des associations ou juste des groupes d'amis se retrouvent régulièrement pour partager leur passion. Il y en a certainement près de chez vous ! Sinon, servez-vous des réseaux et lancez l'initiative d'un café-couture partagé !

Parlons chiffons

Le choix des matières

Vous n'y connaissez rien en textiles ? Sachez qu'il est primordial de privilégier certains matériaux, aussi bien pour vous faciliter l'entretien que pour lutter contre l'usure. En choisissant vos matières avec attention, vous éviterez la pollution due aux nanoparticules qui se répandent dans l'eau au lavage. Les matières polyester d'occasion ayant souvent été lavées auront déjà rejeté leurs particules néfastes dans la nature. De toute façon, impossible de revenir en arrière, ayez donc moins de scrupules dans l'acquisition de seconde main. Le polyester nécessite moins de repassage et se lave à température plus légère.

D'où viennent vos vêtements ?

Avez-vous déjà essayé de vous pencher sur le décodage des étiquettes de vos vêtements ? Cette tâche peut paraître fastidieuse, certes, mais elle permet, entre autres, d'analyser le prix d'un vêtement (matières premières, transport, main-d'œuvre et taxes). Bien sûr, la fabrication en quantité industrielle fait baisser les coûts, malheureusement aux dépens de l'humain (pollution et conditions de travail).

Si vous devez vraiment acheter du neuf, vous pourrez trouver certains sites qui répertorient les entreprises éthiques ou locales, tel l'e-shop de **Dream Act** *(https://dreamact.eu/fr)*. **Made in France** est une marque de vêtements fabriqués en France *(www.madefrance.fr)*. Le coût vous semblera plus élevé à l'achat mais sera rentabilisé sur le long terme. Vous aurez également un service après-vente et des conseils de proximité difficiles à obtenir dans une grande chaîne internationale. N'hésitez pas à consulter les publications du Label **SloWeAre** *(www.sloweare.com)* pour être éclairé sur une mode écoresponsable.

LA BONNE ADRESSE

Pour lutter contre la surproduction : Ethic2hand ***https://ethic2hand.com*** s'engage et vous propose des pièces conçues dans le respect de l'homme et/ou de l'environnement, de seconde main ou des fins de collections éthiques.

La seconde main

Plus qu'une mode !

Si certains d'entre vous sont encore réticents, il est pourtant maintenant devenu monnaie courante d'acheter des vêtements d'occasion, spécialement pour les enfants. Le choix et la diversité sont malheureusement encore restreints pour les hommes et c'est plus délicat pour certains produits, comme les chaussures ou les sous-vêtements par exemple.

Au sein de ce marché parallèle, vous retrouverez tous les milieux sociaux confondus. En effet, les motivations qui poussent à ce type de consommation peuvent être la recherche de la pièce unique ou vintage, tout comme un budget réduit. De plus en plus, une conscience écologique éclairée entraîne vers ce choix.

Le conseil malin

Attention ! Les prix attractifs du marché de l'occasion ne doivent pas vous entraîner à une consommation plus importante que la nécessité sous prétexte de faire de bonnes affaires...

Quelles possibilités s'ouvrent à vous pour acheter, vendre ou donner ?

Les friperies

Dans ces boutiques de seconde main, vous trouverez en général des pièces uniques en bon état, car ces magasins les sélectionnent selon des critères stricts. Pour des petits prix, certaines vous débarrasseront de ce qui vous encombre, d'autres vous proposeront le dépôt-vente.

Ce choix conviendra à ceux qui veulent se distinguer par leur garde-robe et qui disposent de temps pour chiner. Vous y trouverez des styles parfois décalés ou au contraire des pièces intemporelles à prix attractifs.

LA BONNE ADRESSE

Retrouvez les friperies près de chez vous en suivant ce lien : ***www.petitfute.com/p1-france/c1168-shopping-mode-cadeaux/c1077-bons-plans/c1333-friperie***

Les associations d'utilité publique

Des associations comme la **Croix-Rouge** (les Vestiboutiques), le **Secours populaire** ou **Tissons la Solidarité** *(www.tissonsla-solidarite.fr)*, profitent de cette tendance pour améliorer leurs ressources financières en revendant à petits prix les vêtements qui leur sont déposés. **Emmaüs** a même créé un label et un site d'achat en ligne : *www.label-emmaus.co/fr.*

Auprès de ces associations, reconnues d'utilité publique, vos achats et vos dons contribuent à la réinsertion de personnes en situation de précarité.

Bon à savoir

Vous désirez donner votre surplus de vêtements ?
En marge des associations caritatives, La Cravate Solidaire *(www.lacravatesolidaire.org)* récupère tout ce qui peut constituer une tenue professionnelle. Cette association a pour objectif la lutte contre les discriminations à l'embauche, notamment celles liées à l'apparence physique.

Des sites et des applis

De nombreux sites Internet permettent de trouver le vêtement voulu sans avoir à se déplacer, le plus connu étant certainement **Vinted** *(www.vinted.fr)*. Un filtre précis vous permettra de trouver en quelques clics la référence recherchée parmi un large choix d'articles. Dans une version luxe, vous trouverez **Videdressing** *(www.videdressing.com)*. Chez **Percentil** *(https://percentil.fr)* ou **Once Again** *(www.onceagain.fr)* vous n'aurez qu'à envoyer vos vêtements, rigoureusement sélectionnés, et la plateforme se chargera à votre place de leur mise en vente.

Quel que soit le site, n'hésitez pas à poser des questions, demander des précisions sur les mesures, le coloris (les photos sont parfois de mauvaise qualité et trompeuses) afin de ne pas être déçu à la réception de votre colis. Regardez également les évaluations et les commentaires des vendeurs. Ils proposent peut-être d'autres pièces qui pourraient vous intéresser, vous réduirez ainsi le transport et vous pourrez éventuellement négocier une remise. Pensez à bien vérifier les frais de port !

Le conseil malin

Mieux vaut se lancer dans une recherche définie spécifique plutôt que de « scroller » sans but précis car la tentation serait alors d'acheter à l'impulsion, contraire aux recommandations évoquées précédemment.

Échangez « local » !

Vous êtes pointilleux sur vos achats ? Il vous est impossible de vous décider sans avoir palpé le tissu et seulement avec une photo ? Tout est prévu ! Les plateformes comme **Marketplace** sur Facebook ou **Leboncoin**, qui utilisent la géolocalisation, sont de bons compromis pour essayer un vêtement avant de l'acheter.

Beaucoup de pages locales sur Facebook voient le jour pour échanger des bons plans, des dates de vide-dressings mais aussi d'autres pages de trocs ou d'échanges.

LA BONNE ADRESSE

Vous trouverez sur ***https://vide-dressing.org*** les dates des ventes à domicile les plus proches de chez vous et, avec la carte interactive de Refashion ***(www.refashion.fr)***, vous localiserez les lieux de collectes et les ressourceries.

Organisez votre troc *party* !

Nommée également *swap party,* c'est l'art de joindre l'utile à l'agréable en faisant le ménage dans ses armoires et en changeant de garde-robe, le temps d'une soirée. Venez avec vos accessoires, vêtements et chaussures dont vous vous êtes lassé et repartez avec un nouveau look et l'assurance d'un bon moment entre amis ! Il suffit d'un mail groupé, ou d'une invitation Facebook. Limitez le nombre de participants, il ne sert à rien d'être trop nombreux. Ce serait difficilement gérable et il y aurait forcément des déçus. Privilégiez donc un petit groupe : au minimum 4 personnes pour qu'il y ait du choix, et au maximum 12 invités. Précisez la date et le lieu. Stipulez que les vêtements doivent être propres et en bon état.

Les vide-greniers

À la belle saison, les vide-greniers et vide-maisons fleurissent dans nos quartiers et nos villages. Vous aimez prendre votre temps, flâner, aller à la rencontre d'objets qui ont une histoire ? Vous y ferez des affaires surprenantes et uniques. Très intéressant, surtout pour les enfants qui grandissent vite. Les vendeurs ne cherchent pas seulement un gain mais également la possibilité de transmettre et de ne pas jeter.

Et la récup' des vêtements ?

Que faire avec les tissus dont vous n'avez plus l'utilité ?

Il existe les bennes à vêtements bien utiles à certaines associations à vocation caritative. Vos vêtements, en bon état, après examen, seront remis dans le circuit de la consommation, les autres seront revendus pour être transformés en fibre d'isolation pour le bâtiment par exemple.

Vous pouvez également recycler vous-même vos vêtements. Transformez vos vêtements usagés en torchons ou serviettes, bien moins onéreux que les lingettes jetables.

➤ Découpez un vieux tee-shirt en rectangles et laissez-les tremper dans un bocal de vinaigre et d'écorces d'agrumes, ils remplaceront les lingettes nettoyantes et seront réutilisables.

➤ Réalisez des sachets pour faire vos courses zéro déchet ou des lingettes démaquillantes.

➤ Utilisez vos vieilles chaussettes comme « ramasse-poussière » ou pour faire briller les chaussures, les chromes ou les cuivres. Avec un peu d'imagination, vous pourriez aussi créer des doudous, comme sur la plateforme **Deavita** *(https://deavita.fr/brico-diy/doudou-chaussette-faire-soi-meme-idees/)*.

➤ Pour utiliser les chaussettes dépareillées, rien de tel que de tresser des tawashi (éponges tissées) en suivant par exemple le tuto présenté sur **actu.fr** *(https://actu.fr/lifestyle/tuto-creez-eponges-tawashi_30427242.html)*.

➤ Les collants en nylon usagés sont des trésors en récupération : chouchous ou divers élastiques, filtres, embouts d'aspirateurs pour ne pas avaler les pièces fines… Vous pourrez également y rassembler les restes de savon pour en faire un seul gros ou éviter que votre shampoing solide ne se désagrège, ou encore les utiliser en guise de coton pour ôter du vernis à ongles.

➤ Rembourrez vos coussins avec les chutes de tissus diverses.

Bon à savoir

https://chaussettesorphelines.com reprend vos chaussettes orphelines pour tisser de nouvelles créations.

Chapitre 3

LONGUE VIE À VOS APPAREILS ÉLECTRIQUES !

De récentes études révèlent que chaque foyer français possède à son domicile une centaine d'équipements électriques et électroniques. Du réfrigérateur au téléphone en passant par la machine à laver et le sèche-cheveux, du réveil jusqu'à la brosse à dents, cela représente en moyenne 450 kg par foyer, soit 200 kg par habitant ! Les pièces les plus équipées sont nos salons, suivis de nos chambres, et cela devant nos cuisines, nos bureaux et nos garages. La plupart des foyers avouent posséder entre 6 et 11 appareils inutilisés.

Que vous vous sentiez concerné par ces chiffres ou qu'ils vous paraissent exagérés, ce chapitre vous donnera quelques pistes pour envisager vos achats différemment. Soyez rassuré, cela n'engendrera pas un retour à la chandelle !

L'obsolescence programmée, vous connaissez ?

Avant la fin des années 1950, les vêtements, les chaussures, les machines, les outils, les vélos… tout devait durer. Les acheteurs le voulaient et les vendeurs le promettaient. « Solide », « inusable », « robuste » étaient les slogans publicitaires les plus récurrents : le durable était une valeur partagée et représentait, dans ces années-là, la réussite d'un produit.

Mais nous pouvons constater que cette tendance s'est inversée sous prétexte de progrès technologique : nous ne sommes jamais assez rassasiés de nouveaux produits toujours plus innovants les uns que les autres. Le marketing publicitaire nous pousse à croire que le matériel en notre possession est dépassé, moins performant, en bref, que nous y gagnerions à le remplacer régulièrement.

Nous pouvons également remarquer que certains ustensiles tombent en panne et qu'il est plus intéressant financièrement de les remplacer plutôt que de les réparer.

Mais la fabrication de ces appareils nécessite l'utilisation de beaucoup d'énergie et de matières premières. Si cela engendre plus de déchets, c'est également une source de dépenses importantes que nous pourrions éviter. Voici quelques pistes pour envisager vos achats différemment.

Trois questions à vous poser avant d'envisager un nouvel investissement

S'agit-il d'un nouvel objet ou bien en possédez-vous déjà un ?

Prenez le temps de vérifier que vous ne possédez pas déjà un appareil qui remplit la fonction recherchée.

La première question à vous poser avant un nouvel achat est : en ai-je réellement besoin ?

Les publicitaires ne cherchent qu'à nous inciter à acheter toujours plus et toutes les tentations sont bonnes pour nous faire tomber dans le piège de la surconsommation.

Le conseil malin

Pour discerner entre l'envie ou le besoin et maîtriser les achats impulsifs :

- Bloquez les publicités sur votre ordinateur avec Adblock Plus ou uBlock et apposez un autocollant « stop pub » sur vos boîtes aux lettres.
- Refusez systématiquement les cartes de fidélité.
- Fuyez le Black Friday et les soldes en général.
- Évitez de donner votre adresse mail sur les sites d'achats en ligne.

Si votre produit fonctionne encore, que lui reprochez-vous ?

Il est vieux et moche ? Il fait trop de bruit ? Vous pensez faire des économies d'énergie en le changeant ?

Commencez par faire un bon nettoyage de votre objet à remplacer pour le rendre plus aimable, et pourquoi ne pas lui offrir une petite customisation afin de le rendre unique ? Surfez sur l'effet « tendance et vintage ».

Bon à savoir

Vous pouvez aussi calculer la consommation électrique de votre appareil sur Calculis.net *(https://calculis.net/watt-heure)* ou avec une appli calculatrice du coût de l'énergie. C'est un bon exercice de mathématiques à réaliser avec les enfants !

Votre produit ne fonctionne plus ?

Après des années de fidélité, il faut parfois s'y résoudre… votre produit ne fonctionne plus !

Sachez que la loi française assure deux ans de garanties légales gratuites et obligatoires. Vérifiez bien que vous n'avez pas souscrit pour quelques euros de plus à une assurance complémentaire.

Bon à savoir

Même si vous n'avez plus votre facture, le magasin enregistre souvent l'historique des achats. Vous n'êtes pas non plus contraint légalement de ramener l'emballage, votre produit suffit.

Avez-vous expérimenté la réparation ?

Le dépannage est bien plus souvent possible qu'on ne l'imagine. Aujourd'hui, de nombreux appareils électroniques nous assistent en affichant un code erreur en cas de panne. Dès lors, il suffit d'indiquer la référence de l'objet et ce code dans votre moteur de recherche internet ou sur le site du constructeur pour apprendre à résoudre la panne et commander la pièce défectueuse. De nombreuses vidéos en ligne guideront vos premiers pas de réparateur, par exemple sur **CommentReparer** *(www.commentreparer.com)*.

Ces sites proposent également des liens vers des sites d'achat de pièces d'occasion.

Darty propose d'analyser les pannes de vos appareils en ligne *(https ://sav.darty.com)*.

Bon à savoir

Vous avez peur d'être maladroit ou vous n'êtes pas assez outillé ? Vous trouverez sur tout le territoire des **« repair café »** *(www.repaircafe.org/fr)*. Vous serez accompagné dans votre réparation par des passionnés du bricolage. Ils mettront également à votre disposition les outils nécessaires.

Vous n'avez pas le temps ? Le réseau **Envie,** présent sur toute la France, se charge de la réparation à votre place. En les sollicitant, vous contribuerez à la réinsertion de personnes en situation de fragilité : *www.envie.org*.

LA BONNE ADRESSE

Votre télécommande vous a lâché ? Que ce soit celle de votre télé, de votre voiture, de votre porte de garage ou de votre climatisation : Le télécommandier ***(www.telecommandier.com)*** vous propose la réparation. Économique et garanti : après un diagnostic, on vous présentera une solution.

Si vous avez décidé de vous équiper...

Pensez à emprunter ou à louer !

Après avoir étudié les lignes précédentes, vous ressentez malgré tout la nécessité d'acquérir un nouvel équipement. Encore une interrogation : est-ce pour un usage ponctuel ou récurrent ?

Si c'est un besoin ponctuel, une perceuse pour poser un tableau ou une caméra pour filmer un événement exceptionnel, pourquoi ne pas envisager l'emprunt ou la location ?

Avez-vous demandé à vos voisins ? C'est une façon de faire leur connaissance et ainsi d'oser échanger des services régulièrement.

Vous êtes du genre timide ? Les agences spécialisées de location ont étendu leur gamme de produits comme **Boulanger Location** *(https://location.boulanger.com)*. Plusieurs plateformes proposent la mise en relation de particulier à particulier : en échange de services ou d'une participation financière, vous pourrez emprunter vos équipements électriques sur **Je loue tout** *(www.je-loue-tout.fr)*, **Kiwiiz.fr** *(www.kiwiiz.fr)* ou **Mesvoisins.fr** *(https://mesvoisins.fr)*.

Les alternatives au neuf

Avant de vous précipiter sur un achat neuf, surveillez le marché de seconde main sur des plateformes comme Marketplace, Leboncoin ou eBay et, si vous n'êtes pas trop pressé, vous trouverez certainement votre bonheur dans un vide grenier ou une boutique caritative.

Jetez un œil aux produits reconditionnés. À l'origine, cette offre concernait principalement l'équipement informatique et la téléphonie. Elle s'est maintenant étendue aux petits et moyens électroménagers et au bricolage. Contrairement à la vente de particulier à particulier, les produits sont vérifiés et il vous sera proposé une garantie minimum.

Quelques adresses : **Back Market** *(www.backmarket.fr)*, **Recommerce Group** *(www.recommerce-group.com)*, **Murfy** *(https://murfy.fr)*.

LE GESTE ÉCOLO

Derrière les promesses de livraison rapide se cachent des émissions importantes de CO_2. Pour éviter les trajets inutiles, après avoir bien vérifié les caractéristiques du produit, choisissez plutôt une livraison en point relais. Et privilégiez les vendeurs qui se soucient aussi des emballages !

Si vous faites le choix du neuf

Si vous envisagez un nouvel achat, ne vous précipitez pas, l'impulsion n'est jamais bonne conseillère. Comparez la robustesse, la réparabilité et le temps de garantie du produit recherché avec ceux des produits similaires sur le marché.

À l'image du groupe SEB, pionnier en lançant en 2015 le label « Produit réparable 10 ans », de nouvelles entreprises innovatrices en font aujourd'hui leur premier argument de vente comme **Kippit** *(www.kippit.fr)*, **Vertige** *(www.vertige-france.com)*.

Des sites comme la plateforme **indicereparabilite.fr** de Spareka *(www.indicereparabilite.fr)* ou le site de l'association **Halte à l'obsolescence programmée** (HOP) *(www.produits-durables.fr)* vous guident dans votre choix avec des moteurs de comparaison. Prendre le temps de consulter les avis des consommateurs en ligne peut également se révéler être une aide précieuse.

Choisissez des produits avec des fonctions simples et vérifiez qu'ils soient démontables, ils seront moins sujets aux pannes et plus faciles à réparer.

Le conseil malin

Réalisez votre achat dans un magasin de proximité plutôt qu'en ligne, les employés sont à l'écoute pour vous conseiller et résoudre les éventuels litiges après l'achat. Le peu de différence de prix risque de vous surprendre !

Entretenir, c'est aussi faire des économies !

L'entretien de nos électroménagers est souvent perçu comme une corvée supplémentaire. Le nombre grandissant de nos équipements multiplie cette charge mentale. Pourtant, un appareil qui n'est pas entretenu régulièrement vieillira prématurément. Comment s'y prendre ?

Épluchez les notices, vous y trouverez des consignes précieuses. Si vous les avez égarées : certaines chaînes YouTube vous conseillent, comme celle de **Spareka** *(www.spareka.fr)* ou *www.youtube.com/c/SOSAccessoireVideo*.

Le conseil malin

Prenez l'habitude de ranger dans un classeur spécifique vos notices et factures. Prévoyez un tableau à remplir au fur et à mesure de vos acquisitions, avec la date et le lieu d'achat, la dernière date d'entretien et la prochaine à venir. Programmez votre prochaine révision sur votre agenda téléphonique avec un rappel.

➤ N'oubliez pas de dégivrer régulièrement votre réfrigérateur et votre congélateur, ainsi que de les dépoussiérer à l'arrière. Vous éviterez une hausse de consommation d'énergie inutile et prolongerez leur durée de vie.

➤ Pensez à laisser entrouvert le hublot de votre machine à laver pour éviter que le joint ne moisisse, et à nettoyer régulièrement le réceptacle à produit. Faites-la tourner au moins 3 fois par an à 90° pour nettoyer les canalisations. Purgez-la au moins une fois par an et nettoyez son filtre d'évacuation.

➤ Nettoyez au moins 3 fois par semaine les filtres de votre lave-vaisselle et ceux de votre sèche-linge.

Matériel informatique et téléphonie

Quelles sont vos attentes ?

Le *high-tech* est le domaine où l'obligation de changer de matériel a le plus souvent cours. Des appareils avec des versions trop anciennes incompatibles avec les nouvelles technologies doivent être renouvelés en permanence.

Nous avons aussi tendance à acheter des instruments avec des capacités surdimensionnées dont nous n'utilisons qu'une petite partie de leurs facultés. Bien choisir son équipement, c'est déjà savoir pour quels emplois nous l'utiliserons. Si la photo n'est pas votre priorité, ne vous laissez pas séduire par le nombre de pixels de votre smartphone.

Rédigez une liste de vos attentes précises pour choisir en fonction de celles-ci, tout en pensant bien à la réparabilité. Quel dommage de devoir changer d'appareil car votre batterie fatiguée est plus onéreuse qu'un nouveau téléphone…

Pensez au reconditionné et à la location longue durée

Vous pouvez évidemment acheter en « reconditionné ».

La coopérative **Les Ateliers du Bocage** *(https://la-bootique.com)* est membre du mouvement Emmaüs. Ils proposent téléphonie, informatique en reconditionnement, ainsi que la réparation, tout en privilégiant la réinsertion.

Back Market, un des pionniers sur le marché français, a développé une large gamme et prodigue de nombreux conseils, entre autres pour connaître la valeur marchande de vos anciens appareils pour la revente.

Les grandes enseignes comme la Fnac ont choisi de suivre ce mouvement (Fnac 2nde vie).

Bon à savoir

Un nouveau concept : la location longue durée.

https://commown.coop Elle permet la mutualisation des risques et des services (conseil, assistance, panne, casse, remplacement de la batterie le cas échéant, vol, etc.), mais également de soutenir la filière de l'électronique responsable (soutien aux producteurs alternatifs, mutualisation des pièces détachées, etc.).

Que faire de votre ancien téléphone ?

Vous pouvez :

- **l'offrir,** s'il fonctionne encore, il fera certainement le bonheur de quelqu'un autour de vous ;
- **le réutiliser sans la carte SIM :** pour écouter de la musique, en fonction Gps (le tracker sportif se mettant à jour dès que vous

retrouvez le réseau wifi) ; en eReader si l'écran n'est pas trop petit, il sera moins lourd qu'un livre en voyage ; en babyphone (via WhatsApp par exemple) ;

➤ **l'éliminer correctement** (chaque téléphone portable contient jusqu'à 30 métaux différents ainsi que des substances nocives) : direction le centre de recyclage le plus proche de chez vous où il sera démonté et pourra avoir une seconde vie.

Évitez les surcharges de données

Nettoyer votre ordinateur et votre messagerie est indispensable pour que vos appareils ne manquent pas de capacité et éviter qu'ils deviennent obsolètes. N'attendez pas les messages d'alertes pour effectuer ces nettoyages réguliers. Pensez à conserver vos photos et documents lourds sur des disques externes : non seulement cela allégera votre disque interne mais la sauvegarde sera plus sécurisée.

Même si cela n'impacte pas directement notre facture d'énergie, stocker inutilement des messages ou des données sur le cloud sollicite des serveurs qui consomment énormément.

Prenez quelques habitudes bonnes pour vous et la planète !

➤ Nettoyez régulièrement votre boîte mail.

➤ Désabonnez-vous des newsletters inutiles. **Cleanfox** *(www.cleanfox.io)* peut vous aider à le faire de manière groupée.

➤ Allégez vos mails en envoyant des pièces jointes légères et en évitant de mettre trop de personnes en copie.

➤ Achetez des équipements moins gourmands, ou avec un label environnemental. Les ordinateurs eux aussi ont leur « Nutri-score », gradué de A à D.

➤ Stockez localement vos données plutôt que sur le cloud.

➤ Optez pour des moteurs de recherche différents : Ecosia soutient la reforestation, Lilo finance des projets environnementaux, solidaires ou humanitaires, Ecogine reverse ses bénéfices à des associations environnementales… Et mettez en favoris les sites consultés fréquemment.

➤ Diminuez la qualité d'une vidéo regardée.

➤ Utilisez le WIFI plutôt que la 4 ou 5G.

➤ Programmez la mise en veille de vos appareils, ou bien éteignez totalement tous ceux qui possèdent une LED de veille. Privilégiez les économiseurs d'écran sans animation. Coupez votre box la nuit.

➤ Préservez la batterie de votre téléphone en évitant de le mettre à recharger toute la nuit et en utilisant les adaptateurs d'origine. Les applis consultées en « mode sombre » fatiguent moins les yeux… et six fois moins la batterie d'un téléphone.

Chapitre 4

AMEUBLEMENT ET DÉCO À VOTRE IMAGE

Les émissions de téléréalité de décoration ou d'acquisition de biens immobiliers ont un public de plus en plus important et varié. Elles déclenchent en nous des envies de changement… Seul bémol pour s'identifier à de tels projets : tout cela à un coût !

Faisons un point sur notre décoration et notre ameublement, et voyons comment se faire plaisir sans se ruiner.

Distinguez l'utile du nécessaire

Le poids du passé

Nos parents n'auraient jamais envisagé de s'installer en couple sans avoir un trousseau bien pourvu. Les meubles et le linge de maison étaient achetés pour être transmis de génération en génération. Ils étaient donc choisis avec soin, bien plus pour leur qualité et leur robustesse que pour leur esthétique.

Malheureusement, nos appartements sont de moins en moins adaptés à la dimension de l'armoire normande de papi et mamie.

Nous n'avons certes pas à culpabiliser d'avoir un attachement aux objets qui nous évoquent des souvenirs, mais est-il nécessaire de tout garder et d'ailleurs, est-ce vraiment possible ?

Nous vivons plus longtemps, nos aînés se noient sous l'amoncellement de tout ce dont ils ont hérité des générations précédentes et dont ils n'ont pas réussi à se défaire, tous les fameux « au cas où » dont nous ne savons plus que faire… Avec la consommation actuelle, toujours galopante, nous risquons de nous retrouver chacun avec une quantité ingérable d'objets si nous ne désencombrons pas régulièrement.

Par ailleurs, nous sommes amenés à déménager de plus en plus souvent. À l'échelle d'une vie, nous perdons une grande partie de notre énergie et de notre argent à stocker ou à transporter nos meubles d'un point A à un point B.

La possession d'un trop grand nombre d'objets, l'entretien, le rangement, le stockage de tous les « au cas où » que nous conservons amplifie également notre charge mentale inutilement. Se séparer du matériel dispensable libère de l'espace sur notre « disque dur » pour consacrer plus d'énergie à ce qui nous procure de la joie.

Surfant sur cette vague, la tendance minimaliste, encouragée par une génération beaucoup moins intéressée par le matériel, conquiert l'Europe.

La tendance minimaliste

Un minimaliste est une personne qui choisit d'adopter un courant de pensée : le minimalisme ou le *slow design*. Elle tendra à :

- se satisfaire d'un minimum de choses ;
- épurer son intérieur pour moins s'encombrer l'esprit ;
- rechercher les solutions les plus simples ou les plus mesurées possible pour effectuer les gestes du quotidien ;
- choisir des objets durables et intemporels pour ne pas devoir les renouveler régulièrement.

Partant du constat que nous devons être de plus en plus mobiles, que les expériences *outdoor* ou de loisirs sont plus épanouissantes que d'effectuer le ménage d'une maison trop encombrée, il n'y a qu'un pas pour en devenir un adepte. En effet, les économies réalisées et le temps gagné seront des bénéfices immédiatement tangibles.

Sans aller jusqu'à l'extrême, nous sommes obligés de convenir que le matériel nous envahit bien plus que nous le voudrions sans être toujours nécessaire.

Désencombrez !

Les bonnes questions à vous poser

Si vous êtes prêts à désencombrer votre maison, voici les bonnes questions à vous poser à propos de chaque objet.

- Cet objet me plaît-il ? ❍ OUI ❍ NON
- Cet objet me rend-il service ? est-il utile ? ❍ OUI ❍ NON
- Cet objet est-il facile à utiliser ? ❍ OUI ❍ NON

- Est-ce que je me sers de cet objet régulièrement ? ❍ OUI ❍ NON
- Ai-je utilisé cet objet il y a moins d'un an ? ❍ OUI ❍ NON
- N'ai-je qu'un seul exemplaire de cet objet ? ❍ OUI ❍ NON

En cas de réponse négative, n'hésitez pas à vous en débarrasser : vente, don (testez les application suivantes : *www.geev.com* ou *www.donnons.org*), troc… ou parfois poubelle.

Et pour rendre vos rangements plus ludiques, n'hésitez pas à vous lancer des défis en famille ! Désignez pour chacun une pièce ou un placard qui le concerne – suivant le temps accordé. Si tout le monde n'est pas partant, choisissez un temps ou un espace restreint au départ.

DÉFI : 1 MOIS POUR TOUT RANGER !

La règle du jeu : enlever ce qui ne sert pas depuis un an, supprimer ce qui est cassé ou périmé et qui n'apporte pas de joie, trier, ranger, jeter, donner, troquer ou vendre ! Pour désencombrer en douceur en un mois seulement !

À faire dans l'ordre ou dans le désordre.

Jour 1 : trier les produits cosmétiques et le maquillage.
Jour 2 : trier et ranger les bijoux et accessoires (ceintures, foulards…).
Jour 3 : trier les chaussures.
Jour 4 : vider et trier sacs et valises.
Jour 5 : trier les vestes, blousons, manteaux.
Jour 7 : trier les sous-vêtements.
Jour 8 : trier les pyjamas.
Jour 9 : trier les vêtements d'hiver.
Jour 10 : trier les vêtements d'été.
Jour 11 : trier les vide-poches, les boîtes et les tiroirs « fourre-tout ».
Jour 12 : trier les fournitures d'écriture (stylos, enveloppes, feutres…).
Jour 13 : trier les serviettes, gants de toilette et mouchoirs.
Jour 14 : trier les tiroirs de la salle de bain.

Jour 15 : trier les draps.
Jour 16 : trier les ustensiles de cuisine.
Jour 17 : trier la vaisselle.
Jour 18 : trier et lister le contenu des placards alimentaires.
Jour 19 : nettoyer, dégivrer et ranger le frigo.
Jour 20 : nettoyer, dégivrer et lister le congélateur.
Jour 21 : trier les produits d'entretien.
Jour 22 : trier et ranger les papiers administratifs.
Jour 23 : trier sa boîte mail, se désabonner des newsletters publicitaires.
Jour 24 : trier des photos numériques et/ou papier.
Jour 25 : trier la bibliothèque, livres, magazines, journaux.
Jour 26 : trier, vérifier les jeux de société/jouets incomplets ou dépassés.
Jour 27 : vider son téléphone, trier les photos, messages...
Jour 28 : trier le garage/la cave/le grenier.
Jour 29 : trier les objets de décoration.
Jour 28 : trier les souvenirs (lettres, cadeaux ...).
Jour 29 : jour bonus pour terminer un défi trop chronophage.
Jour 30 : jour bonus pour terminer un défi trop chronophage.

Résultat : alors, combien d'objets avez-vous sortis de la maison ?

DÉFI « MINSGAME » !

Vous voulez pimenter ce jeu au-delà d'un simple rangement ? Proposez le challenge « Minsgame » (contraction de minimalisme et de game) à votre famille.

La règle est simple : le premier jour, vous devez jeter/donner/vendre 1 objet ; le second jour, 2 objets, le troisième, 3 et ainsi de suite... jusqu'au 30e jour, où vous devrez vous séparer de 30 objets. À la fin du mois, 465 choses auront quitté votre domicile ! Elles pourront être très variées, petites ou volumineuses, du bibelot cassé que vous deviez réparer depuis 5 ans à la commode de l'entrée qui n'est pas vraiment

utile ! Les premiers jours sont un peu difficiles, vous tournerez peut-être dans votre maison sans savoir quoi faire, mais, à mi-parcours, vous aurez déjà établi des repères pour les jours suivants.
Dans le tableau ci-dessous, cochez la case correspondant aux objets que vous évacuerez. À faire dans l'ordre ou dans le désordre, pour totaliser 465 objets au final en un mois !

1 objet	2 objets	3 objets	4 objets	5 objets	6 objets
7 objets	8 objets	9 objets	10 objets	11 objets	12 objets
13 objets	14 objets	15 objets	16 objets	17 objets	18 objets
19 objets	20 objets	21 objets	22 objets	23 objets	24 objets
25 objets	26 objets	27 objets	28 objets	29 objets	30 objets

Misez sur les pièces uniques

Les brocantes, une alternative aux boutiques

Désormais, plus question d'arpenter les boutiques le week-end : remplacez cette activité par des balades au fil du temps dans les brocantes pour y chiner. Miroir en rotin, dame-jeanne en verre, enfilades scandinaves, chacun cherche son accessoire culte. Cette tendance impose un nouveau mode de consommation respectueux de l'environnement. Plus question de jeter, il faut garder ou vendre ses meubles anciens. Vous constaterez ces dernières années la multiplication et le succès des « brocantes digitalisées » qui donnent une idée de l'ampleur du phénomène. Classiques, fonctionnelles, vintage, elles offrent chacune leur spécificité : **Selency** *(www.selency.fr)*, **Désuet** *(www.desuet.fr)*, **Emmaüs** *(https://emmaus-france.org)*, **izidore** *(https://izidore.com)*, **Luckyfind** *(www.luckyfind.fr)*. À défaut d'y dépenser vos économies, vous y trouverez de l'inspiration pour renouveler votre décoration.

Faites votre déco vous-même !

Plus question d'acheter, il faut récupérer, quitte à bricoler soi-même ses anciens meubles. Rien ne se perd, tout se transforme, tel est le principe de la tendance récup'. Ainsi, les bricoleurs du dimanche sont de plus en plus nombreux à remettre à neuf une ancienne commode ou à réparer un fauteuil.

Côté Web, les internautes jouent la carte de l'entraide avec des tutoriels, des blogs dédiés, des idées d'objets à customiser. **IKEA Hackers** *(https://ikeahackers.net)* en est le meilleur exemple : les internautes transforment les intemporels meubles IKEA et partagent l'idée en pas à pas.

Personnaliser votre décoration et rendre votre intérieur unique vous apportera une satisfaction singulière.

Vous ne pensez pas avoir la fibre créatrice ? Qui ne tente rien, ne rate rien ! Commencez par un projet pas trop ambitieux, assez vite réalisé pour profiter rapidement du résultat et ne pas être tenté d'abandonner.

Des enseignes répondent à cette demande en hausse en développant des ateliers de bricolage en ligne comme 18 h 39 de Castorama ou Le Campus de Leroy Merlin. Certains sont adaptés aux enfants : une belle façon de se former ensemble à l'art manuel, de partager des moments de complicité et de se fabriquer des souvenirs communs.

Des idées à tester

- Détournez d'anciennes poignées de portes en patères.
- Transformez des couverts en poignées de placards.
- Convertissez des cages à oiseau en luminaires. Le site de Leroy Merlin vous donnera d'autres idées et des conseils de détournement d'objets : *https://decorationsoutenable.wordpress.com*

Les matériaux à privilégier

Pour un environnement plus sain

De la petite déco au mobilier, pour avoir un environnement plus sain et plus durable privilégiez certains matériaux :

- le bois, issu de forêts gérées durablement ou de chutes de bois recyclés, biodégradable et sain ;
- le cuivre, recyclable à l'infini, ultrarésistant et antibactérien ;
- le liège, biodégradable, affichant une résistance exceptionnelle au temps ;
- le carton, de plus en plus apprécié, ultrarésistant grâce à sa forme alvéolée et recyclable ;
- le bambou, extrêmement solide et biodégradable, bien que sa provenance ne soit pas traçable ;
- l'étain, l'inox et l'argenterie, réputés pour leur durabilité ;
- le lin, le coton et les laines, fibres naturelles solides et facilement « détournables ».

Bon à savoir

Le linge de maison retrouve toutes ses lettres de noblesse et fait une réapparition dans nos maisons. Les machines à laver ayant simplifié leur entretien, nous pouvons nous permettre d'éviter le synthétique, peu cher mais très polluant, pour adopter des matières plus durables et plus confortables.

Du Beau Linge (*www.dubeaulinge.fr*)propose à la vente du linge d'hôtel acheté auprès d'établissements soucieux de valoriser leur linge réformé. Vous pourrez même choisir de le personnaliser.

Tissus Gisèle (*www.tgl.fr*)présente des produits dégriffés toute l'année et vous retrouverez un onglet fin de série chez *www.lacompagniedublanc.com*. Ces deux enseignes vous permettront d'acheter à prix réduits du linge écoconçu et de belle qualité.

Que faire avec quoi ?

➤ **Le carton** : lancez-vous dans la fabrication de vos meubles en carton. Solides, durables, économiques et légers, ils se montrent également aussi fonctionnels que leurs homologues en bois. Ils demandent peu d'outillage : un bon cutter, un mètre, un crayon, une règle, du carton de récupération et de la colle suffiront pour vous initier.

LES BONNES ADRESSES

Vous trouverez des idées sur le site d'Archzine ***(https://archzine.fr/diy/diy-meuble/meuble-en-carton)*** et, si vous préférez les acheter tout prêts à monter, tournez-vous vers Cartonstyl ***(https://cartonstyl.com)***.

➤ **Les pneus** : sur Pinterest, vous trouverez dans l'onglet « avec de vieux pneus » des suggestions d'upcycling allant des jeux d'enfants au jardinage, en passant par l'ameublement intérieur. À utiliser avec modération dans nos maisons car ils dégagent des substances toxiques.

Des idées à tester

› Coupez un vieux pneu en la moitié dans le sens de hauteur. Fixez une planche sur la partie plate. Vous aurez immédiatement une balancelle. Décorez-la à votre guise.

› Remplissez un pneu avec de gros cailloux ou du sable et mettez au centre un manche à balai. Fixez à son extrémité une ficelle et une balle, prenez une ou deux raquettes et vous obtiendrez un swingball.

› Un pneu usagé alourdi avec de grosses pierres se transformera en un pied de parasol.

➤ **Le bois recyclé** : les palettes ont le vent en poupe pour la décoration d'extérieur, mais pas seulement. Si vous êtes un peu équipé, vous pourrez réaliser de belles choses avec celles-ci à moindre coût. Vous pouvez vous les procurer chez des commerçants qui seront eux-mêmes heureux d'être débarrassés. Veillez tout de même à vérifier qu'elles aient la mention MT. Si vous voyez la marque MB, cela signifie que ces palettes sont traitées avec du bromure de méthyle, nocif pour la santé.

Dans l'Allier, l'entreprise Auvergne Palette Service s'est spécialisée dans la vente, le rachat, le recyclage et même la fabrication sur mesure de palettes.

LES BONNES ADRESSES

Sur le site 1001Pallets.com ***(www.1001pallets.com)*** vous trouverez les plans détaillés de vos futures réalisations.

Si vous programmez une alerte sur montasdebois ***(www.montasdebois.fr)***, vous serez prévenu dès qu'une annonce de don de chutes de bois ou de palettes apparaît près de chez vous.

➤ **Les draps ou le linge de maison ancien** : nos machines à laver sont vite remplies si nous utilisons les draps anciens dans leur fonction première, mais ils sont si confortables. Souvent épais, brodés et de belle qualité, ils pourront se transformer en nappe, en coussin, rideaux. Les dentelles peuvent agrémenter abat-jours et vêtements ou être utilisées en scrapbooking.

➤ **La vaisselle et la poterie** : Que faire d'un verre ou d'une tasse dépareillés ? Pourquoi ne pas leur donner un coup de peinture et les détourner en objet de déco ? La céramique et la poterie réduites en morceaux serviront pour faire des mosaïques uniques.

Bon à savoir

Upcycler consiste à transformer un objet devenu inutile et lui donner une nouvelle fonction : il s'agit de faire revivre ses objets. Première condition : l'objet ne remplit plus sa fonction initiale. Deuxième condition : cela ne nécessite pas l'achat de nouveaux matériaux, sinon nous sortirions du cercle vertueux recherché.

Les plantes vertes : un nouvel accessoire déco !

Notre intérieur se met au vert, c'est un fait avéré. La plante verte devient un élément incontournable pour le mettre en scène : plantes vertes suspendues pour un air folk, plantes grasses pour un effet tropical, plantes dans un terrarium pour un effet jardin d'hiver, plantes dépolluantes pour une touche *feng shui*, elles incarnent « LE » nouvel accessoire déco à la mode qu'il faut avoir chez soi. Pensez à échanger vos boutures en famille, entre amis. C'est une expérience qui peut être confiée aux plus jeunes et qui leur apprendra patience et partage.

LES BONNES ADRESSES

Vous pouvez aussi échanger, troquer ou acheter de particulier à particulier sur ***www.jarditroc.com*** ou HomoPlantus ***(www.homoplantus.com)***.

Certains passionnés surfent sur cette tendance en créant des sites ou des boutiques sur ce thème. L'Office Hollandais des fleurs a lancé Lajoiedesfleurs.fr ***(www.lajoiedesfleurs.fr)***, un site qui respire la bonne humeur avec nombre d'informations sur les fleurs et des DIY.

Chapitre 5

PETITE RÉVOLUTION À L'ÉCOLE ET AU TRAVAIL

Un cahier encore vierge, une trousse choisie avec soin, un stylo qui n'est pas encore mordillé… la panoplie idéale d'un jour de rentrée, promesse qu'un travail studieux sera au rendez-vous cette année !

Sauf exception, les rentrées se suivent et nous savons bien qu'au bout de quelques semaines, les cahiers se retrouveront « taggés », les sacs voltigeront dans le couloir dès la porte de la maison franchie, colles et stylos auront quitté même les plus jolies trousses, et il nous faudra les remplacer. Mais comment refuser à nos rejetons ce qui sera peut-être la source de leurs réussites futures ?

Pour une rentrée écoresponsable et raisonnée

La légendaire liste scolaire

Suivant l'âge de nos écoliers, nous recevons de la part de leurs enseignants des listes et consignes bien précises, ce qui soumet parfois nos nerfs à rude épreuve. Il faut bien le dire, partir à la recherche du fameux cahier 24 × 32, petits carreaux, à spirales, de surcroît dans des magasins bondés n'enchante même plus nos enfants ! Ces derniers devenus plus grands, nous leur confierions bien cette tâche, mais le risque serait de ne pas vraiment maîtriser la facture.

Essayons d'aborder la prochaine rentrée de manière écoresponsable et raisonnée, sans frustrer nos écoliers ni maudire leurs professeurs.

Anticipez, récupérez !

Dès l'année scolaire terminée, avant de remiser pour tout l'été les cartables au fond des placards, regroupez toutes les fournitures au même endroit. Mettez en commun les affaires scolaires de toute la fratrie, en faisant le tour des sacs et des bureaux, vous aurez ainsi un aperçu de ce qu'il ne faudra pas acheter.

Le conseil malin

Effectuez un inventaire complet (dans l'idéal écrit) des fournitures encore en état. Pour les ranger : utilisez des boîtes bien distinctes pour visualiser facilement leur contenu quand le moment des listes sera venu.

Lavez trousses et sacs et vérifiez s'ils seront encore opérationnels à la prochaine rentrée.

Avec l'aide de vos enfants, triez par catégories (stylos, feutres, crayons de couleur, règles et compas…) en vérifiant leur fonctionnement. Jetez sans remords ce qui est inutilisable (voir encadré sur les initiatives de recyclage). Rangez les crayons déjà taillés et, s'ils sont nombreux, regroupez-les par couleurs avec un élastique.

Sachez qu'il est tout à fait possible de recréer un nouveau stylo avec plusieurs (un bouchon, un corps, une mine par exemple) !

Pour ressusciter un vieux marqueur ou redonner vie aux feutres un peu secs : débouchez le fond du feutre, mettez quelques gouttes de vinaigre blanc, refermez et stockez la pointe en bas pendant plusieurs jours. Le bouchon doit être étanche. S'ils ne colorient vraiment plus bien : mettez leurs cartouches dans un pot avec du sel fin (ou du sable) et secouez bien pour obtenir du sel coloré avec lequel vous fabriquerez des cadeaux ou des décorations originales.

Profitez-en pour trier les cahiers. Ôtez-en les feuilles blanches pour des brouillons futurs.Réservez les feuilles A4 imprimées d'un seul côté pour vos impressions sans importance. Et triez les classeurs et les intercalaires encore utilisables.

Une idée à tester

Une idée proposée sur le site Quotidien Magique : créer un agenda scolaire à partir de feuilles de brouillon *(https://quotidienmagique.com/fabriquer-agenda-scolaire-en-feuilles-de-brouillon)*.

Achetez durable

Ne vous précipitez pas pour avoir la liste complète le jour de la rentrée, il est bien rare que vos enfants aient besoin de sa totalité la première semaine. Les changements d'enseignants les veilles de rentrée révèlent parfois quelques surprises. Prenez le temps de comparer les listes et votre inventaire !

Bon à savoir

Certaines écoles proposent des colis tout prêts pour la rentrée. Les prix étant négociés grâce à la quantité, cela peut être attractif. Privilégiez cet achat pour des rentrées en début de cycle (CP, 6e, Seconde), car les années suivantes vous risquez d'avoir des doublons.

Évitez les stocks sauf si vous êtes vraiment loin des magasins. En étalant vos achats sur l'année, cela pèsera moins sur votre budget de septembre. Reportez, si cela est possible, certains achats afin d'obtenir des prix cassés après la période de *rush*.

Méfiez-vous des achats « gadgets », les modes changent d'une année sur l'autre et un décor tendance aujourd'hui sera certainement *has been* l'année suivante. Ils sont souvent plus chers et les produits basiques auront la même fonction et resteront indémodables.

Le conseil malin

Évitez d'être accompagné de vos enfants lors des achats de rentrée ! Vous serez moins tenté d'acheter des fournitures superflues et éviterez les frustrations.

Il sera peut-être difficile de trouver certains produits d'occasion, pensez donc à acheter durablement. Les premiers prix s'avèrent parfois plus coûteux à la longue, car fragiles ou de mauvaise qualité, ils seront à renouveler fréquemment.

Privilégiez des consommables rechargeables (par exemple les flacons de colle).

LA BONNE ADRESSE

Chez Esprit-Recycle ***(www.esprit-recycle.fr)***, vous trouverez des produits écologiques, durables et en grande partie fabriqués en France.

Achetez de seconde main

Le marché d'occasion offre de réelles opportunités pour les livres. Certaines associations de parents d'élèves proposent des bourses aux livres dans l'école ou en ligne ou un système de location.

LES BONNES ADRESSES

Des librairies spécialisées permettent d'acquérir des recueils de bonne qualité, mais aussi des sites comme celui de la marque Rakuten ***(https://fr.shopping.rakuten.com/s/materiel+scolaire)*** ou Gens de Confiance ***(https://gensdeconfiance.com/fr)*** à l'onglet matériel et livre scolaire. Vous y trouverez également cartables, blouses de chimie, calculatrices scientifiques, petit matériel.

Les personnes soucieuses de ne pas jeter ce qui ne leur est plus utile vous proposeront peut-être ce dont vous avez besoin sur des sites comme l'application Geev ***(www.geev.com/fr)*** ou Donnons.org ***(https://donnons.org)***.

Parlez récup' au travail

Commencez en douceur

Pas toujours facile d'être cohérent entre nos vies à la maison et au travail. Tentons d'initier en douceur nos collègues à la tendance récup' !

Le conseil malin

Commencez par des propositions modestes, par exemple du recyclage (papier, piles, stylos, encre), ce sera une bonne amorce pour provoquer le dialogue et reconnaître les collègues les plus intéressés par les démarches alternatives.

Vous apporterez votre petite pierre à l'édifice en témoignant de vos alternatives personnelles : la lunch box, l'agenda recyclé, des vêtements d'occasion… Pourquoi ne pas proposer un lieu d'affichage pour échanger des services ou des objets ?

LES BONS GESTES ÉCOLOS

- À la maison comme au bureau, si vous avez un document à transmettre sous pli, écrivez au crayon de papier sur l'enveloppe. Le destinataire pourra ainsi s'en resservir.
- Idem pour les post-it, ils pourront resservir plusieurs fois !
- Prévoyez une ardoise pour transmettre des consignes aux enfants ou à vos collègues.

Certains comités d'entreprise sont très à l'écoute de nouvelles initiatives pour effectuer des économies au bénéfice des employés, c'est le moment de proposer des défis collectifs !

Une idée à tester

Si vous sentez vos collègues prêts à passer à la vitesse supérieure et s'ils ont la fibre joueuse, inscrivez une équipe sur le site de l'association Ma Petite Planète *(https://mapetiteplanete.org)*. Initiative à soumettre également dans les écoles de vos enfants petits et grands pour relever avec eux des défis en famille.

Suggérez des alternatives pour les achats professionnels

Suivant la taille de notre entreprise et notre poste, nous n'avons pas toujours la maîtrise des achats professionnels. Présentez au responsable des achats les bonnes adresses pour se fournir d'occasion quand cela est possible. Pour le matériel professionnel, Distribution Service International *(https://dsi-france.fr/fr/content/8-vente-de-materiel-recycle)* propose une gamme très large de matériel d'occasion vérifié.

Vous avez une machine à café à capsules ? Proposez à vos collègues d'essayer www.capsme.fr, une alternative au tout jetable. Complétez avec des gobelets personnalisés. Pensez aussi à inviter à la pause déjeuner des fournisseurs locaux, ils seront contents de se faire connaître et ce sera l'occasion de lancer l'initiative d'une commande groupée.

Bon à savoir

La vente de cartouches d'encre reconditionnées s'est développée et perfectionnée : elle se positionne comme une alternative convenable à celles d'origine. Si c'est un geste écologique que de les rapporter une fois vides pour qu'elles soient démontées, nettoyées et remises en service, ce sont aussi de réelles économies.

Une idée à tester

À défaut de récup', nous sommes invités au partage : si vous avez des difficultés pour vous garer près de votre bureau, avez-vous déjà envisagé le partage de parking ?
Réservé pour l'instant surtout aux grandes villes Yespark *(www.yespark.fr)*, Parkadom *(www.parkadom.com)* ou Zenpark *(https://zenpark.com),* ces sites vous éviteront le stress de la recherche d'une place de stationnement. Situées dans des résidences privées, avec des abonnements mensuels ou à la journée, elles deviennent une alternative moins onéreuse et aussi sûre que les places de parking traditionnelles.

Chapitre 6

LA RÉCUP' S'INVITE À VOS FÊTES !

Tout au long de l'année, les occasions d'être invité, de recevoir et d'offrir des cadeaux sont nombreuses. Noël, naissance, mariage, anniversaire…

Si les conventions sont moins rigides qu'auparavant, il n'en reste pas moins que l'envie de choyer les siens sans faire de fausse note ne semble pas toujours compatible avec une démarche économique et responsable.

Rassurez-vous, le plus important aux yeux de vos invités sera que vous soyez des hôtes disponibles, que vous partagiez des temps joyeux et sincères, et échangiez des cadeaux venus du cœur. Ne craignez pas de bouleverser un peu les codes en mettant un soupçon d'écologie et d'économie dans vos réceptions.

Si c'est vous qui recevez

Faites le point sur vos besoins

Suivant le nombre de convives, il vous manquera certainement un peu d'équipement, de la vaisselle, du mobilier, de la décoration…

Première question à vous poser : allez-vous vous resservir régulièrement de ce matériel ?

Le stockage pour des fêtes qui sont exceptionnelles n'est peut-être pas judicieux. Vous risquez d'oublier ce qui est stocké dans vos armoires et, à la longue, vous serez peut-être lassé d'un décor redondant, sans compter la casse inévitable qui dépareillera votre service.

La vaisselle

S'il n'est pas très agréable de manger et boire dans des assiettes et des gobelets en plastique, il est tentant de se laisser aller au tout jetable pour éviter la corvée de vaisselle et la casse. Sachez qu'une réception sans plastique, c'est bien plus magique !

Des sociétés proposent une location à des prix très abordables : elles vous simplifieront la tâche en vous permettant de restituer la vaisselle encore sale.

Si vous désirez quand même vous équiper pour le long terme, certains restaurants qui ferment ou qui changent leur décoration se débarrassent de leur ancienne vaisselle. Vous aurez des produits de qualité professionnelle à un prix cassé.

Jetez un œil sur les ventes aux enchères sur **Agorastore** *(https://agorastore.fr/ventes-occasions/cuisine-electromenager)* ou dans les petites annonces locales ou plus spécialisées comme **Lecoindupro.com** *(www.lecoindupro.com)*.

Le conseil malin

Osez une vaisselle dépareillée, très tendance, mais aussi très pratique lors d'un buffet pour que vos invités reconnaissent leurs assiettes et leurs verres !

Le mobilier

Il vous manque des tables ? La location est aussi envisageable pour le mobilier.

Vous n'avez pas de tréteaux et de planches ? Sollicitez votre voisinage : *www.allovoisins.com*.

Pas assez de chaises ? Demandez à vos invités d'apporter la leur.

Si vous êtes en extérieur, improvisez des bancs avec quelques parpaings (ou anciens pneus) et des planches.

LES BONS GESTES ÉCOLOS

Pensez à matérialiser les poubelles de tri sélectif avec des bacs bien identifiés. Si cela ne semble pas indispensable au prime abord, ce sera un gain de temps au moment du rangement et un petit clin d'œil pour sensibiliser vos invités.

La déco

Pour la décoration, misez sur le naturel : vous collecterez à cet effet, lors de vos promenades, pommes de pin, rondins de bois, branches, mousse…

Ou remettez en valeur les napperons anciens, les dentelles, les bougeoirs… Les contenants divers de récupération seront transformés en vases, en photophores, les bocaux seront décorés et garnis de plantes, de sable, de coquillages… Laissez libre cours à votre fantaisie ou inspirez-vous des nombreux tutos disponibles sur internet.

Jouez avec les couleurs des serviettes, des chemins de tables et des nappes. Vous pourrez trouver de très belles chutes de tissus ici : **Le Vide Atelier** *(https://levideatelier.fr)* ou **Videtissus.fr** *(www.videtissus.fr)*.

Des idées à tester

› Fabriquez des flambeaux pour donner un air magique à votre réception. Pour cela, faites fondre des restes d'anciennes bougies à feu doux et, pendant ce temps, découpez des lanières de 2 cm de large dans des vieux tissus. Enroulez-les au bout d'un morceau de bois sur une vingtaine de centimètres et arrosez-les régulièrement de votre cire fondue. Quand vous aurez une grosse pelote, laissez sécher. Ces bougeoirs, suivant leur grosseur, pourront rester éclairés 1 à 2 heures.

› Éloignez les moustiques en beauté. Garnissez deux bocaux à quantité égale de tranches de citrons jaunes et verts. Mettez deux brins de romarin. Remplissez le pot aux ¾ avec de l'eau. Ajoutez 10 gouttes d'huiles essentielles d'eucalyptus citronné dans un pot et 10 gouttes d'huiles essentielles de citronnelle dans l'autre (ne lez mélangez pas).

Offrez autrement

Des cadeaux d'occasion

Demandez aux plus jeunes ce qu'ils veulent pour Noël, et les idées surabonderont. Avant de vous ruer dans un magasin pour les contenter, pensez à l'achat d'occasion. Les enfants ont la merveilleuse simplicité de ne pas être très regardants sur la provenance de nos achats. Ce sera alors le moment de les initier à une consommation différente, plus éthique et surtout plus économique. Ces acquisitions auront trois mérites : vous réaliserez des économies, vous éviterez la surconsommation et ce qu'elle engendre, vous contenterez un vendeur. Et, cerise sur le gâteau : avec un budget plus restreint, vous aurez accès à des produits plus conséquents.

Quelques idées pour les enfants :

➤ **Jeux de société ou jouets :** faciles à dénicher sur **Leboncoin** ou **Market Place**, ils sont parfois comme neufs. L'association **Rejoué** *(https://rejoue.asso.fr)* donne une seconde vie aux jouets en favorisant la réinsertion sociale. Une maman bien inspirée a fait de sa passion un métier en les revalorisant : **Revaltoys** *(https://revaltoys.fr)*.

➤ **Livres ou jeux vidéo :** chez **Micromania** *(www.micromania.fr)*, ou avec le moteur de recherche **Chasse-aux-livres** *(www.chasse-aux-livres.fr)*, vous comparerez les prix et l'état des livres mis en vente sur différents sites.

Une idée à tester

Choisissez le thème du zéro déchet pour un anniversaire d'enfant !

Les bons d'achats

Privilégiez des enseignes responsables ou des cadeaux « événements », des voyages solidaires, des stages de découverte ou d'initiation, des places de cinéma, de concerts, des abonnements.

Et si chiner se transformait en plaisir d'offrir ? Emmaüs, par exemple, propose des bons d'achats à utiliser sur leur boutique en ligne. Sinon, si vous voulez offrir un bon d'achat éthique et solidaire, la carte **Ethi'Kdo** *(www.ethikdo.co)* vous offre des solutions.

Bon à savoir

Il vous est possible d'acheter (ou revendre) vos cartes cadeaux d'occasion. Vous bénéficiez ainsi de remises dans certaines boutiques (PlaceDesCartes : *www.placedescartes.fr*).

Offrez votre temps

Quelques idées :

- Un « bon » pour un baby-sitting, les jeunes parents en raffoleront ! Idéal en cadeau de naissance.
- Une gourmandise faite maison : du gâteau au petit plat, variez les plaisirs et adaptez-les à chacun, en fonction de votre temps et de votre budget.
- Un cadeau pour deux : offrez aux enfants ou aux grands-parents un moment partagé en cuisine, idéal pour transmettre les bonnes recettes familiales. Cela vaut aussi pour un temps de bricolage ou d'autres hobbies

Des emballages esthétiques et durables

Plusieurs bonnes raisons nous poussent à restreindre notre consommation de papiers cadeaux classiques. Ils sont onéreux et tous ne sont pas automatiquement recyclables. Ils deviennent immédiatement des déchets, et cela seulement quelques jours après leur acquisition. L'encre des motifs est généralement toxique.

Réaliser un paquet-cadeau ne s'arrête pas au simple fait de l'emballer.

Bon à savoir

Au Japon, c'est un art : « l'origata ». L'emballage est aussi important que le cadeau lui-même. Le choix du papier et le temps passé à le confectionner prouvent l'importance que vous accordez à son destinataire.

Le *furoshiki* est une technique de pliage de tissu qui nous vient également du Japon. Colle ou scotch ne sont plus nécessaires. Celle-ci n'aura plus aucun secret pour vous si vous consultez le site *https://furoshiki.fr*. Il y a de nombreuses variantes, expliquées pas à pas, adaptées à la forme à empaqueter. Ce procédé saura vous rendre d'autres services comme pour le transport inopiné d'objets.

Rendre vos paquets uniques, c'est aussi choisir des matériaux inhabituels.

Des idées à tester

› À l'ère du GPS, pensez à recycler vos vieilles cartes routières !

› Le format d'anciennes partitions ou les pages de magazines est lui plus adapté aux petits paquets. Les restes de papier peint conviendront pour de plus grandes dimensions.

› Sacs, tote bag, taies d'oreillers ou jolis torchons auront le mérite d'être déjà prêts et utiles.

› Boîtes ou bocaux auront une seconde vie, un petit ruban ou une touche de peinture les personnaliseront. Ils pourront être réutilisés par le destinataire.

› Rubans, dentelles, cordelettes de récupération remplaceront le scotch et la colle.

› Plumes, boutons, fleurs ou feuilles séchées, photos, pommes de pin, etc. serviront d'ornements.

Des idées de récup' pour vos emballages cadeaux

Vous avez reçu un cadeau et vous ne savez pas quoi faire de son emballage ?

Si ceux-ci ne sont pas réutilisables, car déchirés ou froissés, ne vous précipitez pas pour remplir votre poubelle. Vous pouvez encore les utiliser de nombreuses manières.

Pour les amateurs de scrapbooking ou pour les enfants, les papiers cadeaux colorés peuvent être découpés et collés dans des albums de dessins. Proposez-les aux crèches ou écoles maternelles.

Ils protégeront les objets fragiles lors d'un déménagement, tapisseront l'intérieur d'un tiroir, recouvriront une étagère, couvriront un livre. Ou bien encore, vous fabriquerez des enveloppes, réaliserez des décors festifs, guirlandes et chapeaux…

Les papiers transparents qui parent les bouquets ou les papiers de soie seront utiles en couture pour faire des patrons.

Les boîtes en carton, quant à elles, serviront pour envoyer des colis.

Sapin et décorations de Noël récup' !

Incontournable des fêtes de Noël, le sapin évoque chez nous des parfums d'enfance. Acheter tous les ans un arbre qu'il faudra jeter à la fin des festivités ne semble ni éthique, ni économique ? Opter pour un arbre artificiel qui résiste au fil des ans serait-elle la solution envisageable ? Sauf qu'ils sont généralement en plastique non recyclable et fabriqués avec des produits polluants…

Vous subirez les foudres de la famille si le traditionnel sapin véritable n'est pas présent ? Choisissez, si possible, une des nombreuses opérations « sapins solidaires » en favorisant une cause que vous avez à cœur.

Si vous en avez la place, un arbre en pot durera plusieurs années.

Le conseil malin

Pourquoi ne pas décorer un sapin dans votre jardin ? Cela donnera un peu d'originalité à votre fête sans parsemer votre salon d'épines et vous faciliterez le passage du Père Noël !
Il est aussi possible de créer votre sapin en mode récup'. Là encore, de nombreuses solutions s'ouvrent à vous, soit en naviguant sur Internet, soit en laissant galoper votre imagination.

Une idée à tester

Fabriquez-le à l'aide de planches, de branches, en carton ou en détournant des objets usuels. Un vieil escabeau, une pyramide de livres, quelques guirlandes et le tour est joué. De même pour les couronnes de l'avent et les autres décorations, il vous sera inutile de courir les magasins et ce seront des moments à partager en famille pour patienter jusqu'à la fête.

Chapitre 7

LES LOISIRS REVISITÉS

Vous rêvez de vacances ? Vous n'avez pas assez d'argent pour pratiquer votre loisir préféré ? C'est souvent le poste de dépenses laissé pour compte car il paraît non indispensable. Est-il possible de trouver des astuces pour se faire plaisir en dépensant moins ?

Le collaboratif et la mutualisation sont totalement associés à un mode de vie tout en récup', surfons sur cette tendance qui se démocratise.

Voyagez autrement

Des alternatives pour tous les modes de transport

➤ Envisagez le covoiturage.
Que vous soyez conducteur ou passager, vous partagerez les frais et aurez l'occasion de faire de belles rencontres. Visitez le site bien connu **Blablacar** *(www.blablacar.fr)* mais aussi avec **LaRoueVerte** *(www.laroueverte.com)*, **Mobicoop** *(www.mobicoop.fr)* ou **Croix-Rouge Mobilités** *(www.covoiturage.croix-rouge.fr)*.

➤ Vous préférez les transports en commun ?
Il est maintenant possible d'acheter des billets de train d'occasion sur **Troc des Trains** *(www.trocdestrains.com)*, ou de comparer plusieurs moyens de transport sur **Kelbillet** *(www.kelbillet.com)*.

➤ Vous devez louer un véhicule ?
En marge des agences de location, vous aurez accès à un grand choix de véhicules de particulier à particulier avec **Kiwiiz** *(www.kiwiiz.fr)* et **OuiCar** *(www.ouicar.fr)*.

➤ Vous voulez être libre de vos mouvements et tester l'itinérance ?
Essayez la location entre particuliers de camping-cars avec **Yescapa** *(www.yescapa.fr)* ou **Hapee** *(www.hapee.fr)*.

➤ Vous aimeriez naviguer ?
Avec **Toa Boat** *(https://toaboat.com)* et **Click&Boat** *(www.clickandboat.com)*, vous passerez des vacances insolites.

Pour se loger : à chacun sa solution

Des enseignes comme **Airbnb** *(www.airbnb.fr)* ont démocratisé et sécurisé les locations chez l'habitant. Des alternatives existent : **Homestay.com** *(www.homestay.com/fr)* et **Bedycasa** *(www.bedycasa.com)*. En consultant avec attention le profil de vos hôtes, vous dénicherez des pépites et rencontrerez des personnes qui ne font pas ce choix uniquement par appât du gain.

➤ Êtes-vous prêt à échanger votre logement ?

Le concept de **HomeExchange** *(www.homeexchange.fr)* est assez simple et sécurisé. En plus d'économiser sur votre résidence de vacances, vous bénéficierez parfois des services offerts par vos hôtes : prêts de vélos, de voiture, équipement pour les enfants et bonnes adresses !

➤ Vous avez envie de découvrir des lieux et partager avec les habitants de la région ?

Le couchsurfing est fait pour vous ! Un service en ligne, **Couchsurfing** *(www.couchsurfing.com)*, consiste à assurer un service d'hébergement temporaire de personne à personne. L'hôte, présent dans son logement, propose un lit ou un canapé pour accueillir un voyageur. Ce service est gratuit mais en échange, le voyageur s'engage à recevoir à son tour, gratuitement. **BeWelcome** *(www.bewelcome.org)* est implanté dans 223 pays et est aussi basé sur l'esprit de partage.

➤ Marre de la ville ? Vous rêvez de la campagne ?

Pensez **Woofing** *(www.woofing.fr)* ! Le principe est très simple : des hôtes vous hébergent et vous nourrissent au sein de leur ferme en contrepartie de quelques heures de « travail » (dans les champs, avec les animaux, jardinage, construction de bâtiments agricoles…). En bref, le paiement de ses vacances se concrétise avec de l'huile de coude !

➤ Inconditionnel du camping sauvage, vous aimez quand même accéder à un point d'eau ?

HomeCamper *(hwww.homecamper.fr)* met en relation campeurs et particuliers qui acceptent d'ouvrir leur jardin pour planter une tente. Certains vont même jusqu'à laisser accéder à la cuisine et aux douches.

➤ Plus solidaire :
Ephatta *(www.ephatta.com)* invite ceux qui le souhaitent à accueillir au profit d'associations. La bienveillance est l'engagement commun qui assure la confiance et l'ouverture à l'autre.

➤ Vous aimeriez tester l'effet du roulis pour vous endormir tout en restant à quai ?
Ubblo *(www.ubblo.com)* connecte les propriétaires de bateaux avec des hôtes pour une ou quelques nuits.

Des hobbies à la portée de tous

Dépensez-vous sans trop dépenser

Que l'on soit un grand sportif ou un débutant, la pratique sportive nécessite d'être équipé.

En ce qui concerne les plus jeunes, les clubs locaux mettent souvent à disposition des bourses d'échange à la rentrée. En revanche, en cours d'année, il faudra parfois renouveler ou adapter le matériel aux nouvelles performances et aux changements de taille.

LES BONNES ADRESSES

Les magasins Décathlon proposent une à deux fois par an des bourses d'occasion : ***https://occasions.decathlon.fr.***

Le site linkNsport ***(https://linknsport.com)*** est dédié à la vente de matériel de sport de seconde main.

En avant la musique !

Ces dernières années, s'initier à la musique est devenu accessible à toutes les catégories de personnes. Que vous souhaitiez intégrer un groupe ou apprendre à jouer d'un instrument individuel, vous devez disposer au préalable d'un bon instrument. Les enfants, surtout s'ils débutent, d'une année sur l'autre, pourront abandonner la pratique : il est donc préférable de ne pas investir trop vite dans du matériel neuf et coûteux.

Outre la location, l'achat d'un instrument d'occasion reste l'alternative la plus avantageuse.

Le conseil malin

Privilégiez cette acquisition dans une boutique où les instruments auront été contrôlés et remis en état. À cela s'ajoutent une certaine garantie de qualité, et un service de réparation ou de remplacement en cas de défaut.

L'achat à un particulier est encore plus intéressant financièrement. Consultez les annonces locales, elles facilitent la remise en main propre et restent plus sécurisées pour un instrument fragile. Vous n'avez pas trouvé votre bonheur ? Tournez-vous vers certains sites spécialisés : **audiofanzine** *(https://fr.audiofanzine.com)* et **Trocmusic** *(www.trocmusic.com/annonces)*.

Vous désirez découvrir un instrument à votre rythme avant de vous inscrire à des leçons à côté de chez vous ? Sur la plateforme **Acadezik** *(www.acadezik.com)*, des passionnés partagent des cours gratuits, du chant aux cours de danse en passant par le solfège. Vous y trouverez également des partitions.

Pour écouter de la musique librement, sans téléchargements illégaux, sans casser votre tirelire, ni remplir vos placards de CD, utilisez les plateformes comme Deezer. Avec la variété de ce qui vous sera proposé, il y en aura pour tous les goûts. Il existe des abonnements familiaux et les étudiants bénéficieront de remises sur certaines comme Spotify.

Cultivez votre jardin !

Du matériel de récup'

Rien de tel que de mettre les mains dans la terre pour se reconnecter à la nature. Un petit espace peut suffire.

Le conseil malin

Commencez par des cultures faciles dans des pots et jardinières : tomates cerises, salades, herbes aromatiques… Certaines plantes demandent peu de place et peuvent durer des années comme le thym, la sauge ou le romarin.

L'investissement sera mineur : peu d'outils, une pelle et éventuellement un couteau à désherber. Et quelques contenants : vous en trouverez facilement dans les vide-greniers ou à côté des poubelles des cimetières et, parfois, des fleuristes s'en débarrassent.

➤ **Si vous avez un balcon** : après avoir vérifié son exposition, demandez des conseils en jardinerie pour ne pas investir dans des projets qui seraient voués à l'échec. Pensez également aux coupelles pour ne pas nuire à vos voisins du dessous lors des arrosages. Prenez contact avec le syndic pour savoir s'il y a un règlement spécifique concernant les plantations.

➤ **Si votre jardin est plus conséquent,** il nécessite un peu plus d'outillage. Les outils se trouvent d'occasion assez facilement. Ne négligez pas pour autant leur entretien, rangez-les dans un endroit sec et abrité : ils ne rouilleront pas et les manches resteront solides. Il est fortement conseillé de les nettoyer après chaque usage pour conserver leur état initial. Vous avez besoin d'un équipement plus conséquent ? Pensez à emprunter avant d'investir.

Installez un récupérateur d'eau. Vous en trouverez régulièrement d'occasion en surveillant les petites annonces. Méfiez-vous quand même de l'utilisation qu'ils ont eue précédemment, qu'ils n'aient pas contenu de produits toxiques.

Bon à savoir

Votre jardin est assez grand pour réaliser un potager chez vous ? Vous trouvez dommage de ne pas en profiter mais vous n'avez pas assez de temps à y consacrer ou de force physique pour réaliser certains travaux ? Pensez à prêter votre jardin ! *www.pretersonjardin.com* et *www.plantezcheznous.com* vous dispenseront des conseils et vous avertiront sur les erreurs à ne pas commettre.

Graines et plantes bon marché

Un vrai réseau d'échange s'est constitué autour des passionnés de jardinage. À l'approche du printemps, de plus en plus de collectivités ou d'associations proposent des marchés aux plantons, souvent pour une bonne cause. On y pratique la vente et le troc. Retrouvez les dates et lieux sur ces sites : **Trocaux-plantes.com** *(www.troc-aux-plantes.com)* et **LePotiron.fr** *(www.lepotiron.fr)*.

Pensez à récupérer vos graines d'une année sur l'autre, si elles ne sont pas issues de variétés de fruits et légumes hybrides F1, car elles resteraient stériles ou au mieux vous auriez des plans moins vigoureux. Préférez à celles-ci des graines bio ou des variétés anciennes.

Le conseil malin

Pour bien conserver vos graines, stockez-les dans des boîtes en métal. Glissez-les dans des enveloppes de récupération et n'oubliez pas de bien les étiqueter pour éviter les surprises. Ajoutez-y quelques feuilles de sauge officinale pour éloigner les charançons.

Faites vos semis

Vous désirez faire vos semis ? L'idéal serait d'avoir une petite serre ou un châssis. Onéreux quand ils sont achetés neufs, vous trouverez des tutos pour vous faciliter leurs constructions et les adapter à votre jardin.

Des idées à tester

› Pour réaliser une serre à moindre coût, convertissez des portes ou des fenêtres qui ont été remplacées. Demandez à des entreprises de rénovation qui seront ravies de s'en débarrasser. Avec des palettes non traitées, vous pourrez faire le cadre.

› Si votre plantation est modeste, mettez les graines à germer dans des boîtes à œufs en carton neutre. Une fois germées, elles seront installées directement en terre avec leurs alvéoles. Essayez aussi directement dans la coquille de l'œuf vide.

› Votre compost n'est pas suffisant ? Avant d'aller acheter du terreau en jardinerie, renseignez-vous auprès de votre mairie, certaines déchetteries récupèrent les déchets verts et les réduisent en compost pour les céder à prix réduits. À utiliser avec modération car vous ne saurez pas exactement ce qu'il contient. N'hésitez pas à rencontrer le fermier ou le haras le plus proche pour lui demander de vous céder un peu de fumier.

Respectez les petites bêtes

Créer un hôtel à insectes permet de réhabiliter à leur juste place les petites bêtes si utiles dans notre jardin. Et c'est une excellente idée de bricolage avec les enfants.

➤ Rassemblez : une cagette, des petits pots en terre cuite et un morceau de grillage, un peu de paille, des pommes de pin, de grosses écorces, du bambou, des petites branches, une grosse agrafeuse ou un marteau, des pointes courbées.

➤ Remplissez les pots de paille, coupez les bambous au niveau des nœuds pour qu'ils soient creux.

➤ Mettez ces éléments dans la cagette et calez-les avec les pommes de pin et les écorces. Couvrez avec le grillage et fixez-le.

C'est terminé ! Il ne vous reste qu'à l'installer dans votre jardin, proche de vos plantations.

Bon à savoir

Voici quelques fausses bonnes idées récup' :

› Suspendre des CD pour effrayer les oiseaux au moment des récoltes. Leur surface, en s'altérant, polluerait les sols.

› Utiliser en extérieur des anciens contenants alimentaires en plastique ou en polystyrène. En se désagrégeant, ils se répandraient dans la nature : au-delà de la pollution, ils seraient nuisibles aux amis du jardin (hérissons, oiseaux, insectes). Réservez-les pour des boutures qui resteront en intérieur et seront rempotées ensuite.

La culture pour vous, c'est au cinéma ou au musée ?

Votre passion s'oriente plutôt vers les expos, les musées, le 7e art et les concerts ?

Plus besoin de guetter des vendeurs à la sauvette ! Vous pouvez racheter des places en toute légalité. Elles proviennent de personnes qui ne peuvent plus se rendre à un événement et qui préfèrent les proposer à des tarifs réduits : **ZePass** *(www.zepass.com)* et **PasseTonBillet** *(hwww.passetonbillet.fr)*. Vous y trouverez des billets de concerts, de festivals, de théâtre mais aussi des entrées pour des parcs d'attractions et des événements sportifs.

Profitez des Journées européennes du patrimoine pour visiter gratuitement des lieux inédits ouverts exceptionnellement ou d'autres plus réputés, le troisième week-end de septembre *(https://journeesdupatrimoine.culture.gouv.fr)*.

Au printemps, vous découvrirez autrement notre patrimoine lors de la Nuit européenne des musées, grâce à des animations nocturnes exceptionnelles.

Le temps d'un week-end, le Printemps du Cinéma et les établissements participants proposent des séances à prix unique. Vous aurez aussi la possibilité de visionner des nouveautés lors des Incontournables UGC. Abonnez-vous à la newsletter de votre cinéma de quartier pour ne pas rater les événements attractifs.

Pour vous divertir à la maison

Rien de mieux qu'un livre !

La bibliothèque de votre quartier n'a plus aucun secret pour vous et vous avez bien du mal à résister à l'achat de nouveaux livres ? **PocheTroc** *(www.pochetroc.fr)*, spécialisé dans les livres de poche, ou **Bibliotroc** *(https://bibliotroc.com)* favorisent l'échange de livres contre un barème de points.

Momox *(www.momox-shop.fr)* vous permet d'acheter et vendre vos livres mais aussi CD et DVD. **Chasse-aux-livres.fr** *(www.chasse-aux-livres.fr)* guette et compare pour vous les meilleures occasions. **Recyclivre** *(www.recyclivre.com)* souscrit à l'économie circulaire avec une mission d'insertion sociale.

Vous aimez les surprises ? **BookCrossing** *(www.bookcrossing.com)* est un phénomène mondial dont le principe est de faire circuler des livres en les « libérant » dans la nature pour qu'ils puissent être retrouvés et lus par d'autres personnes, qui les relâcheront à leur tour. Sur le site web, vous pouvez enregistrer vos livres et suivre leur parcours.

La carte participative de **Boite à lire** *(www.boite-a-lire.com)* vous permet de découvrir ou de signaler les boîtes à livres près de chez vous. À l'initiative de particuliers ou de collectivités, ces boîtes situées en général à proximité des lieux de passage vous invitent à déposer ou à prendre gratuitement des livres. Soyez vigilant, cet accès libre est ouvert même aux plus jeunes, et il est possible d'y trouver de tout…

Vous êtes joueur ?

Vous aimeriez découvrir entre amis ou en famille de nouveaux jeux avant de les acheter ? Pensez aux ludothèques, construites dans le même esprit que les bibliothèques. Vous y emprunterez un jeu pour quelque temps moyennant une adhésion annuelle. Vous n'en avez pas près de chez vous ? Qu'à cela ne tienne, **Eludra** *(www.eludra.com)* vous enverra des jeux à domicile, avec la possibilité de les acheter si vous avez le coup de cœur.

Vous pouvez même offrir un abonnement : une bonne idée de cadeau qui n'encombre pas les placards et permet de varier les plaisirs.

Bon à savoir

Si vos boîtes de jeux sont incomplètes, faites un tour chez Laboiteauxpieces *(www.laboiteauxpieces.fr)*. Refaites vos jeux *(www.refaitesvosjeux.fr)* ou sur la page Facebook « Le coin des pièces détachées pour jeux de société » !

Pensez aux abonnements partagés !

Le numérique nous ouvre les portes du partage. C'est en effet une formidable opportunité d'augmenter son pouvoir d'achat en rentabilisant et en divisant ses frais quotidiens. Nous partageons dorénavant nos trajets, nos logements, nos repas… Alors, pourquoi pas nos abonnements mensuels ?

Aujourd'hui, une multitude de services fonctionnent par abonnement. Or, la plupart de ces formules permettent à l'utilisateur d'en faire profiter ses proches, que ce soit pour la vidéo à la demande, la musique en ligne ou les espaces de stockage numérique… C'est la proposition de **Spliiit** *(www.spliiit.com)*, une alternative mettant en relation un payeur avec plusieurs utilisateurs.

Chapitre 8

LE COIN DES PARENTS

L'arrivée d'un nouveau-né va bouleverser votre vie… et votre budget, c'est certain ! Si c'est votre premier enfant et que votre projet est d'en accueillir d'autres, vous souhaiterez peut-être investir dans du neuf. Les nouveautés sont attrayantes, proposant des matériaux toujours plus légers, ergonomiques et confortables. La tentation sera forte de vous laisser charmer par des gadgets qui finiront au fond du placard. Demandez conseil à des parents qui sont passés par là et qui ont un mode de vie similaire au vôtre.

Si vous êtes citadins et usez des transports en commun, vous n'aurez pas les mêmes problématiques pour transporter un enfant qu'une famille qui vit à la campagne. Il est possible, de nos jours, d'accéder à tout ce dont nous avons besoin très rapidement, donc pas d'inquiétude, prenez le temps de fixer vos priorités et peut-être de ne pas trop anticiper sur vos achats. Ce qui vous semble indispensable aujourd'hui vous paraîtra peut-être sans intérêt demain.

La chambre de votre bébé

Vous avez envie que bébé se sente accueilli, qu'il possède un lieu qui lui soit réservé, c'est bien légitime.

Le mobilier est un investissement à ne pas prendre à la légère. Privilégiez l'achat d'occasion, ce sera une source d'économie et de partage, mais aussi un gage de santé. En effet, les meubles neufs sont principalement fabriqués avec des colles et des vernis nocifs. Si vous faites ce choix, pensez à les aérer longuement ou à acheter des meubles portant un écolabel. Il en va de même pour les peintures murales.

Si vous devez nettoyer cette pièce ou certains éléments, préférez la vapeur qui est économique et n'utilise pas de produits dangereux. Le savon noir ou le vinaigre seront également de bons alliés.

N'accumulez pas d'objets, ils vous capteront du temps et de l'énergie pour nettoyer, ranger, organiser, alors que vous aurez envie de consacrer tout ce temps au nouvel arrivant.

Lorsque votre enfant voyage

Notre vie actuelle ne cantonne plus nos enfants à un univers restreint, ils nous suivent partout. Pour ne pas investir dans du matériel coûteux au risque qu'il devienne obsolète, vous devrez considérer vos réelles nécessités, le bien-être de l'enfant mais aussi les législations en vigueur concernant sa sécurité.

Le marché de l'occasion des poussettes et des sièges de voiture vous offrira un large choix.

Le conseil malin

Vérifiez la conformité du matériel et son aspect évolutif, vous éviterez des achats successifs pour les adapter à la taille de votre enfant.

Sur le marché des porte-bébés, il existe de nombreux modèles. Si vous n'en n'avez jamais utilisé, vous avez la possibilité d'opter pour la location pour les tester avant l'achat. Chez **Keep them close** *(htwww.keepthemclose.fr)* il existe des formules de location avec option d'achat.

Vous ne voulez pas vous encombrer pour un déplacement occasionnel ? Choisissez la livraison sur votre lieu de vacances : **BBVM** *(hwww.bbvm-location.com)* ou **Babyloc** *(www.babyloc.eu)*. Cette formule est aussi une solution pour soulager des grands-parents qui reçoivent passagèrement.

Une bonne alimentation

La question de l'alimentation est présente dès le premier jour, et ce sujet reste sensible. Malgré tout ce que vous entendrez, vous devez adopter la méthode qui vous convient le mieux. Le plus économique est certainement l'allaitement, prêt et accessible à tout moment. Nous ne sommes évidemment pas toutes égales devant ce choix, que ce soit pour des raisons de santé, familiales ou de travail. Il est possible de commencer et de ne pas pouvoir ou avoir envie de continuer.

Le conseil malin

Dans le doute ou le questionnement, n'hésitez pas à vous tourner vers des professionnels ou vers La Leche League France *(www.lllfrance.org)*.

Si vous optez pour le biberon, ceux de seconde main sont à éviter s'ils sont en plastique, certains d'anciennes générations contiennent du bisphénol réputé dangereux. En verre, ils ont l'inconvénient d'être fragiles mais sont sans risques et, psychologiquement, ils sont faciles à acheter de seconde main.

Quand bébé grandit, vous ferez de réelles économies en préparant vos repas vous-même. Inutile d'investir dans des super robots. Si vous le pouvez, privilégiez le local, de saison, bio ou raisonné et évitez les produits transformés. Très tôt, votre enfant pourra manger la même chose que vous, et ce sera d'autant plus simple s'il n'a pas été habitué aux purées industrielles.

Le conseil malin

Profitez de la préparation d'un légume pour augmenter la quantité et en congeler des petites portions individuelles, vous gagnerez du temps les jours où vous serez pressé et économiserez sur l'énergie de la cuisson.

Et question change ?

Couches jetables versus couches lavables

Le change est un poste budgétaire à ne pas négliger. Il est conséquent et s'étalera sur 2 à 3 ans…

Faire un choix n'est pas toujours facile, en fonction du budget de départ, de l'organisation familiale, des personnes qui garderont le bébé…

Les couches lavables ont l'avantage d'être moins agressives pour l'épiderme, elles contiennent moins de produits toxiques, votre enfant ne s'en trouvera que mieux. Vous ferez moins de déchets, et si votre redevance est incitative, ce sera au final moins de dépenses. Si l'investissement est plus élevé au départ, car il doit se faire en une seule fois, vous ferez des économies sur le long terme. Elles serviront à nouveau pour l'enfant suivant et vous pourrez les acheter ou les revendre d'occasion. N'hésitez pas à regarder des vidéos comparatives pour procéder à votre choix entre les différentes marques.

Prévoyez un roulement un peu conséquent pour soulager leur entretien au quotidien : il faut nécessairement anticiper le lavage et le séchage pour ne pas tomber en panne.

Il est possible, si l'on hésite encore, de débuter par la location. Il existe même l'option lavage et livraison à domicile.

Le conseil malin

Ne mettez pas la barre trop haut ! Pour que ce soit réalisable, vous pouvez très bien alterner entre couches lavables et jetables au fil des événements.

Cotons lavables et liniment maison

Pour compléter le change, adoptez les cotons lavables, faciles à réaliser avec du tissu de récupération, à l'identique des cotons lavables démaquillants. Prévoyez-en assez pour ne pas tomber en rupture entre deux lavages.

Même s'il se garde moins longtemps que les laits de toilette issus du commerce, confectionnez votre liniment maison, hydratant et nettoyant. Vous serez sûrs qu'il ne contient aucun produit allergisant ou des perturbateurs endocriniens, et il ne vous coûtera presque rien.

Une idée à tester

La recette du liniment :

› Vous aurez besoin de 125 ml d'eau de chaux (que vous trouverez en pharmacie) et de 125 ml d'huile végétale biologique (huile d'olive, d'amande douce, de noyau d'abricot…).

› Versez l'huile dans un récipient, ajoutez ensuite doucement l'eau de chaux, mixez le tout quelques minutes.

Le temps de conservation du liniment fait maison est d'environ 1 mois.

Les habits de bébé… et de maman

Pour maman

Les premiers achats commenceront avec la garde-robe de maman. La période où vous les porterez sera de courte durée, privilégiez la seconde main. Si vous prévoyez plusieurs grossesses, celles-ci ne tomberont peut-être pas à la même saison. Achetez des basiques confortables qui ne se démodent pas.

LES BONNES ADRESSES

Quelques marques comme Jolibump ***(www.jolibump.com)*** et Envie de Fraise ***(www.enviedefraise.fr)*** proposent des vêtements évolutifs qui suivront votre changement de morphologie, à porter 9 mois et plus !

Pour bébé

Pour bébé, on vous fournira avant la naissance la liste de l'essentiel à emporter à la maternité. N'en prenez pas beaucoup plus au départ pour éviter les tailles trop petites ou les doublons des cadeaux. Il sera éventuellement utile de proposer une liste de naissance. Et si vous la constituiez de seconde main avec **De Môme en Môme** *(https://demomeenmome.com)* ou **Kadalog** *(hwww.kadolog.com/fr)*; vous aurez ainsi un choix personnalisé plus conséquent et convenant à toutes les bourses.

Ce sera peut-être le moment de vous lancer dans la couture. Si vous êtes novice, les chaînes YouTube « Couture Débutant » et « Coutures Enfant & Tricots Débutants » vous présentent leurs trucs et astuces pour bien commencer. Les tenues enfantines ne sollicitent pas beaucoup de tissu, l'occasion idéale de recycler en transformant vos vieux habits et en en créant de nouveaux ! On appelle ceci le surcyclage. Une liste de tutoriels est présentée sur le blog de **Petit Citron** *(hwww.petitcitron.com)*. Cette technique permet de ne pas acheter de tissu et de s'appuyer sur des finitions déjà existantes, les boutonnières par exemple.

LES BONNES ADRESSES

L'enseigne Tale Me propose la location de vêtements jusqu'à 6 ans ainsi que des vêtements de grossesse.

La marque Little Woude ***(www.little-woude.com)***, des vêtements évolutifs qui grandissent avec l'enfant et réversibles pour avoir deux tenues en une.

Chez Le Mouton à Lunettes ***(https://lemoutonalunettes.fr)***, en plus de leur service de location, on vous rachètera les vêtements achetés dans leur boutique, quel que soit leur état !

Chapitre 9

ENTRETIEN, COSMÉTIQUE ET ÉNERGIE : LES BONS GESTES AU QUOTIDIEN

Transformer votre vie en mode récup' vous entraînera vers un changement global de votre consommation. Il vous sera difficile de privilégier les achats de seconde main sans modifier vos petits gestes du quotidien. La récup', c'est aussi privilégier une consommation modérée, que ce soit pour l'entretien de votre maison, l'énergie, et jusque dans l'intimité de votre salle de bains. Concrètement, tous les jours, nous utilisons des produits dont nous n'avons pas vraiment besoin. Nos actions ont un impact sur les autres, sur la planète et sur notre porte-monnaie.

Au départ, ce sera certainement un peu difficile de perdre vos repères, de changer vos habitudes, toute la famille n'adhérera pas unanimement, mais avec un peu de patience, de bienveillance et de bonne volonté, vous y parviendrez sans vous compliquer la vie. Le jeu en vaut la chandelle !

Une maison qui brille et qui sent bon

Nettoyez à peu de frais pour vous et pour la planète

Nous sommes encouragés à acheter de nombreux produits, bien souvent toxiques, sous prétexte d'être encore plus efficaces. Il est pourtant aisé de remplacer ceux-ci par un nombre de composants réduits accompagnés de quelques recettes très élémentaires.

Prenez le temps de rassembler au même endroit tous les produits de nettoyage en votre possession, qu'ils soient sous votre évier ou dans vos réserves.

Lesquels sont en doublon ? Lesquels ont été entamés et jamais terminés ? Pour quelles raisons ? Jetez-les s'ils vous semblent inutiles ou inefficaces, sinon placez-les en avant pour les terminer.

Mettez de côté ceux qui vous paraissent indispensables. Vous les conserverez encore un peu pour effectuer une transition en douceur. Choisissez celui que vous voulez essayer de remplacer en premier. Quand vous penserez avoir acquis son utilisation, passez à un autre et ainsi de suite. Pour certains, ce sera facile, pour d'autres cela demandera un peu plus de temps, ne vous découragez pas et accrochez-vous à l'idée des économies que vous allez faire !

Le plus difficile au début sera immanquablement de vous passer des odeurs de synthèse. Elles sont là pour nous laisser croire que tout est propre, mais n'en n'apportent aucunement la preuve. Cette ruse est utilisée par les fabricants pour que nous restions fidèles à leur marque.

Si vos nouvelles recettes moussent moins, elles utilisent aussi beaucoup moins d'eau pour être rincées et n'en ont parfois même pas besoin.

Le conseil malin

Bicarbonate, cristaux de soude et vinaigre blanc sont les ingrédients indispensables. Peu chers, ils feront tout ou presque...

➤ **Les sols et les plans de travail** : faites macérer pendant 2 semaines au minimum des écorces d'agrumes dans un mélange à parts égales de vinaigre blanc et d'eau. Une fois filtré et mis dans un pulvérisateur, ce mélange dégraissera vos surfaces. Dans un seau d'eau chaude, une tasse diluée avec une cuillère de cristaux de soude sera idéale pour les sols, sauf sur les pierres naturelles (le marbre et l'ardoise ne tolèrent pas le vinaigre). Le parfum citron-orange éliminera l'odeur du vinaigre. Fini les parfums de synthèse !

➤ **Les vitres** : eau chaude, vinaigre et chiffon propre suffiront.

➤ **La vaisselle à la main** : utilisez un savon de Marseille (le vrai, vert, sans paraffine). Passez une éponge mouillée sur le bloc, rien de plus !

➤ **Le four ou les casseroles attachées** : humidifiez, saupoudrez de bicarbonate de soude et oubliez-les pendant une nuit. En frottant à peine, tout partira au réveil !

➤ **Entretenir vos canalisations** : versez-y régulièrement un peu de marc de café. Pour les déboucher : bicarbonate et vinaigre feront des merveilles.

➤ **Cirer vos chaussures** : frottez-les avec l'intérieur d'une peau de banane, laissez sécher et lustrez avec un chiffon doux pour faire briller.

➤ **Ôter le calcaire sur la robinetterie ou la paroi de douche** : utilisez les restes de citron en frottant avec l'intérieur de la peau.

➤ **Détartrer les toilettes** : évacuez un maximum d'eau de la cuvette, saupoudrez de cristaux de soude et versez du vinaigre blanc très chaud, laissez reposer la nuit. Vous pouvez à cet effet réserver et filtrer le vinaigre des condiments.

➤ **Les surfaces de la salle de bains** se nettoieront avec, au choix et suivant leur état, une éponge humide saupoudrée de bicarbonate ou de cristaux de soude.

➤ **L'assouplissant** sera remplacé par un verre de vinaigre blanc, ce qui évitera également l'utilisation d'anticalcaire.

➤ **Désodoriser** : une coupelle de bicarbonate de soude captera les mauvaises odeurs dans un frigo ou un placard.

➤ **Remplacer les allume-feux** de votre barbecue ou de votre cheminée par des bouchons en liège trempés dans un bocal d'alcool à brûler. Les boîtes à œufs sont aussi très efficaces.

➤ **Fabriquer des lingettes nettoyantes** avec des rectangles de tissu que vous mettrez à tremper dans un mélange de vinaigre et d'eau. Si vous craigniez son odeur, ajoutez-y quelques gouttes d'huiles essentielles.

Bon à savoir

Les huiles essentielles connaissent un succès fulgurant et sont préconisées dans nombre de recettes. Leur utilisation n'est pas anodine, certaines sont toxiques ou irritantes. Servez-vous en avec prudence et parcimonie, ne les laissez pas à portée des enfants. De plus, il faut une quantité impressionnante de plantes pour produire un seul petit flacon et leur attrait entraîne dans certains endroits une culture déraisonnée pour répondre à la demande croissante. Elles sont tellement concentrées qu'elles sont également nuisibles à l'environnement en étant rejetées dans les évacuations car elles ne peuvent être filtrées.

Des produits sains dans votre salle de bain

Dans votre salle bain aussi, quelques habitudes seront faciles à mettre en place pour réaliser des économies et limiter les produits néfastes pour votre santé. Les cosmétiques industriels contiennent des perturbateurs endocriniens maintenant reconnus comme dangereux.

➤ **Passez aux savons et shampoings solides,** ils durent beaucoup plus longtemps. N'oubliez pas de les mettre dans un morceau de collant pour qu'ils ne disparaissent pas en petits morceaux. Choisissez-les de fabrication artisanale ou bio.

➤ **Réduisez votre quantité de dentifrice** : le volume idéal est celui d'un petit pois, ni plus, ni moins !

➤ **Remplacez vos cotons démaquillants** par des lingettes lavables. Vous les réaliserez avec du tissu de récupération. Découpez des rectangles de 8 cm par 6 cm environ, dans des tissus type microfibre ou éponge et le même nombre dans des tissus coton ou polaire. Cousez-les envers contre envers en laissant une ouverture. Coupez les angles en biais. Retournez et piquez à nouveau près de la bordure. C'est fini !

➤ **Troquez vos cotons-tiges pour des oriculis.**

➤ **Préférez des protections hygiéniques lavables.** Bien plus confortables, elles ne contiennent pas de chlore. La coupe menstruelle est une bonne alternative ou un complément. Les culottes lavables sont un investissement au départ, mais si elles sont choisies de bonne qualité et sont entretenues en respectant les consignes du fabriquant, elles dureront longtemps. Elles sont idéales pour les jeunes filles qui appréhendent ce moment pour des raisons pratiques.

➤ **Oubliez les rasoirs jetables** en investissant dans un durable, vous le garderez toute votre vie. Le savon de Marseille remplacera le savon à barbe.

➤ Convertissez vos crèmes hydratantes en huiles végétales. Achetez-les en petit flacon, il en faut une quantité infime et l'huile rancirait si elle était stockée trop longtemps. Choisissez bien votre huile : pour nourrir la peau (sèche et sensible) : jojoba, sésame, bourrache, camélia, coton ; pour réguler le sébum (mixte et grasse) : noisette, jojoba, yangu, papaye ; pour nourrir les cheveux et les ongles : ricin, avocat, coco, argan.

Bon à savoir

Pour savoir si les ingrédients qui composent vos produits de beauté sont potentiellement nocifs, le laboratoire Officine a créé l'application Clean Beauty. Il suffit de photographier la liste des ingrédients pour qu'elle identifie ceux qui sont sujets à controverse (ingrédients suspectés d'être des perturbateurs endocriniens, conservateurs, irritants ou comédogènes).

L'énergie, c'est du temps et de l'argent !

Moins d'eau !

Nous savons tous qu'il est plus écologique de couper l'eau quand nous nous brossons les dents ou quand nous nous savonnons, qu'il vaut mieux prendre une douche rapide que de prendre un bain ! Si nous avons l'impression que c'est infime pour sauver la planète, faisons-le au moins par économie.

Avez-vous pensé aux toilettes japonaises ? Vous réduirez votre consommation de papier toilette, et le confort et l'hygiène seront au rendez-vous !

Si vous êtes prêts à aller encore plus loin, renseignez-vous sur les toilettes sèches. Certains tutos vous expliquent comment les intégrer facilement à votre domicile.

Le conseil malin

Surveillez les fuites et les robinets qui gouttent et, si cela vous est possible, installez des mousseurs à vos robinets et des stop-douche qui maintiennent la bonne température le temps d'un savonnage. Prévoyez de jolis récipients pour récupérer l'eau qui pourrait être perdue. Si votre chasse d'eau n'est pas à double vitesse, mettez-y une bouteille pleine pour réduire son remplissage.

Moins d'électricité !

Pour l'électricité, pensez à mettre des programmateurs à vos appareils électriques et des thermostats sur vos chauffages. Après avoir enfilé un pull supplémentaire et des chaussettes, vous conserverez la chaleur à l'intérieur en guettant les courants d'air sous les portes et en pensant à fermer vos volets dès la nuit tombée.

Ne négligez pas l'entretien de vos chaudières pour un fonctionnement optimum.

Pour consommer moins, les chauffages et les ampoules doivent être dépoussiérés régulièrement.

Les piles et les batteries se cachent partout. Aux appareils électriques ou à piles, préférez leur version mécanique (balance, montre, rasoirs, taille-crayons…) qui ne vous laissera pas tomber.

En cuisine, éteignez vos plaques avant la fin de la cuisson, laissez refroidir votre four porte ouverte ou, au contraire, profitez de la fin d'une cuisson pour lancer votre pyrolyse. Vérifiez-en les joints pour éviter les déperditions inutiles. Évitez l'ouverture intempestive du réfrigérateur.

Si vous partez plusieurs jours, éteignez votre VMC, et ne coupez pas complètement votre chauffage en hiver mais laissez-le à une température basse minimum.

Des déplacements raisonnés pour moins polluer

Du bons sens ?

Dans le domaine du transport, vous ferez des économies d'essence en privilégiant le covoiturage ou les alternatives (vélo, transport en commun, marche).

Les itinéraires conseillés par la géolocalisation sont le plus souvent utilisés pour gagner du temps, mais vous réduirez la consommation de carburant en prenant le chemin le plus court.

Qui ménage sa monture va plus loin ! À l'approche d'un feu tricolore, anticipez votre freinage et utilisez le frein moteur en rétrogradant. Maintenez une vitesse la plus stable possible, l'anticipation du trafic est essentielle. Elle vous permet d'éviter de freiner ou d'accélérer inutilement, ce qui économise le carburant.

Bon à savoir

La climatisation est agréable, mais pousse la consommation à la hausse, jusque 15 % de plus si elle est à fond. Il sera en revanche préférable de fermer les fenêtres à grande vitesse.

Un entretien idéal !

Pensez à faire l'entretien de votre véhicule régulièrement, vérifiez le niveau d'huile et la pression des pneus.

Bon à savoir

En France, il existe près de 200 garages solidaires ou participatifs. Ils permettent de faire entretenir sa voiture à moindre coût et/ou d'être formé par un mécanicien professionnel pour faire ensuite l'entretien soi-même.

Pour profiter des tarifs avantageux de ce type d'établissement, vous devrez vous acquitter d'une cotisation annuelle et bénéficierez ainsi d'un coût horaire d'entretien très faible. Vous trouverez ici le plus proche de chez vous : *www.selfgarage.org*.

Des tutos en ligne vous expliquent comment changer des pièces endommagées de votre véhicule. Vous dénicherez celles-ci d'occasion sur de nombreux sites ou dans une casse.

Si vous envisagez de changer de véhicule, pensez au marché de l'occasion avant d'être tenté par un véhicule neuf sous prétexte qu'il consomme moins.

CONCLUSION

« Ce qui me scandalise, ce n'est pas qu'il y ait des riches et des pauvres. C'est le gaspillage ! »

Mère Teresa

Vous l'aurez compris, la tendance recup' vous emmène plus loin qu'il n'y paraît. C'est d'abord un état d'esprit global, choisi pour différentes raisons. Qu'elles soient d'abord financières, écologiques ou de santé, elles sont toutes respectables et se rejoignent toutes à un moment.

Vous ne changerez pas vos habitudes du jour au lendemain, et tout ne sera jamais parfait. Cependant, se lever le matin et décider de faire au mieux n'appartient qu'à vous.

Tous ces changements ne vont pas modifier le cours du monde, mais un cercle vertueux s'établira autour de vous. La sobriété, la simplicité, ralentir sa course, réviser certaines de nos certitudes, réfléchir au sens de notre vie ne peut s'effectuer qu'en stoppant la fuite en avant d'une consommation effrénée.

Consommer autrement c'est permettre d'unifier notre vie et d'essayer de la rendre cohérente, c'est retrouver une certaine liberté d'agir et de penser. Offrir toute sa place à la créativité. C'est une philosophie offerte à tous, qui n'est pas l'apanage d'une élite.

Ce n'est ni vivre en autarcie, ni vivre hors du monde, c'est plutôt savoir ce qui nous fait vibrer, ce qui respecte nos valeurs.

Méfiez-vous, le seul risque sera d'y prendre goût !

MAME

Direction : Guillaume Arnaud
Direction éditoriale : Sophie Cluzel
Direction artistique : Thérèse Jauze
Direction de fabrication : Thierry Dubus

Conception et coordination éditoriale : Dominique Pérot-Poussielgue - Plume sur Loire
Correction et relecture : Marie Thiriet, assistée de Mathilde Cabon Ollivier
Mise en pages : Véronique Sommeilly
Fabrication : Audrey Bord

Crédits iconographiques : @Shutterstock

www.mameeditions.com
ISBN : 978-2-7289-3162-0
MDS : MM31620

PEFC
PEFC/14-38-00260

Certifié PEFC

Ce produit est issu de forêts gérées durablement et de sources contrôlées

www.pefc-france.org

Achevé d'imprimer par Edelvives, en Espagne, en juillet 2022
N° d'édition : 22130
Dépôt légal : septembre 2022

Ce livre est imprimé avec des encres végétales et est composé de matériaux issus de forêts bien gérées, certifiées PEFC™ (Conseil de Soutien de la Forêt) et d'autres sources contrôlées.